国际贸易政策与贸易纠纷

陈 伟△著

INTERNATIONAL TRADE POLICY AND TRADE DISPUTES

图书在版编目（CIP）数据

国际贸易政策与贸易纠纷/陈伟著. —北京：经济管理出版社，2019. 11

ISBN 978-7-5096-6245-8

Ⅰ. ①国… Ⅱ. ①陈… Ⅲ. ①国际贸易政策-研究 ②国际贸易-经济纠纷-研究

Ⅳ. ①F741②D996. 1

中国版本图书馆 CIP 数据核字（2019）第 258200 号

组稿编辑：王光艳
责任编辑：李红贤　杜奕彤
责任印制：黄章平
责任校对：赵天宇

出版发行：经济管理出版社
（北京市海淀区北蜂窝 8 号中雅大厦 A 座 11 层　100038）
网　　址：www. E-mp. com. cn
电　　话：（010）51915602
印　　刷：三河市延风印装有限公司
经　　销：新华书店
开　　本：720mm×1000mm /16
印　　张：11. 75
字　　数：205 千字
版　　次：2020 年 5 月第 1 版　　2020 年 5 月第 1 次印刷
书　　号：ISBN 978-7-5096-6245-8
定　　价：68. 00 元

联系地址：北京阜外月坛北小街 2 号
电话：（010）68022974　　邮编：100836

前　言

“二战”后，世界经济逐步走向贸易投资自由化，地球村的概念深入人心。国际贸易研究的核心问题是世界各国如何在现有的国际贸易游戏规则下，依靠各自的自然资源和社会资源，最大限度地获取国际贸易利益，取得有利于各自的国际分工地位，积极参与国际贸易，互通有无，达到国际贸易共赢的目的。但是，由于世界各国的贸易政策和措施有别、贸易利益诉求有别，国家之间发生贸易纠纷自然也在所难免。

世界贸易组织诞生以来，本着自由贸易和公平贸易的宗旨，经过 20 多年的高效运转和 12 届部长会议的强力推动，把国际货物贸易总额推向了 20 万亿美元的高峰，以国际强大的政治军事实力为后盾，进行长臂管辖，无端发起贸易调查，进行贸易报复和制裁，极限施压，给 21 世纪的自由贸易制造障碍，亟须引起世界各国的警觉。

长期以来，美国本是自由贸易政策的贯彻者，也是国际贸易游戏规则的积极推动者和制定者，更是国际贸易的积极参与国，获取了巨大的贸易利益，成为全球经济强国，但是在向 21 世纪中叶迈进的过程中，美国逐步走向了保护贸易政策的非明智之路，以自身贸易利益为主，不顾及贸易伙伴的贸易利益，不考虑其贸易伙伴的承受能力，经常无端地指责对方，制造贸易纠纷。古巴、朝鲜、埃及、委内瑞拉、俄罗斯、伊朗、波兰、保加利亚、伊拉克等国家都遭受过美国的贸易制裁，当然也包括中国。

本书拟基于国际贸易政策理论，从美国贸易立法的变化出发，分析美国的出口管制和贸易经济制裁，并对欧盟、日本、东盟国家、拉美国家与美国的货物贸易、服务贸易和知识产权贸易的纠纷状况进行归纳梳理，以期为应对美国的出口管制和贸易经济制裁提供参考和借鉴。

目　录

第一章 国际贸易政策概述

第一节 国际贸易政策的演变

500多年来，世界各国围绕着国际贸易这块越做越大的“蛋糕”，在不同的历史时点以不同的角色登上了世界经济贸易舞台。它们为了切割更大的“蛋糕”份额，获取更多的国际贸易利益，改善本国贸易条件，提高本国人民的生活水平，制定了不同的对外贸易政策，这些贸易政策经过世界经济贸易舞台的洗礼后，辐射的地域越来越广，逐步演变成具有一定历史影响力的国际贸易政策，国际贸易政策的演进过程如表1-1所示。

表1-1 国际贸易政策演进一览表

贸易政策类型		历史时期	代表国家	代表人物	学说主张	具体措施
重商主义	重金论	15世纪至16世纪下半叶	英国	威廉·斯塔福	防止货币（贵金属）外流	多出口、少进口或不进口
	贸易差额论	16世纪下半叶至17世纪	英国	托马斯·孟	奖出限入，保证贸易出超	禁止奢侈品等进口、保护关税出口退税/补贴/减免税，制定《谷物法》《职工法》《航海法案》，鼓励生育
自由贸易政策		18世纪下半叶	英国	休谟、亚当·斯密、大卫·李嘉图·俄林	专业化生产（国际分工）有利于国际贸易和各国经济的快速发展	废除《谷物法》《航海法案》；减少税种、税率；取消特权公司；签订自由贸易协定；改变对殖民地的贸易政策

续表

贸易政策类型	历史时期	代表国家	代表人物	学说主张	具体措施
保护贸易政策	19世纪资本主义竞争时期	德国、美国	弗里德里希·李斯特	保护幼稚工业的学说（国家干预）	禁止输入/征收高关税、鼓励复杂机器进口
超保护贸易政策	两次世界大战期间	资本主义各国	约翰·梅纳德·凯恩斯及其弟子	投资乘数理论→外贸乘数理论	措施更加多样化
贸易自由化	“二战”后至20世纪70年代	资本主义各国	邓克尔	《争取较好未来的贸易政策》——开放性贸易可使经济持续增长	削减关税、撤除非关税壁垒
新贸易保护主义	20世纪70年代至90年代中期	发达的资本主义各国		次佳原理：工资、生产要素、国外经济会“扭曲”国内经济、价格机制失灵、保护贸易为宜等10个观点	保护程度加深、保护措施更加多样化
管理贸易政策	20世纪90年代中期至21世纪	世界各国		WTO框架下的游戏规则	更灵活、更隐蔽、更合法化

资料来源：笔者根据相关文献整理。

国际贸易政策一般包括自由贸易政策、保护贸易政策、战略性贸易政策、管理贸易政策四种类型。这四种国际贸易政策并非泾渭分明，绝大多数情况下它们是相互交织的，自由中带着保护，保护中透着自由，20世纪60年代，新兴工业化国家的快速发展又离不开战略性贸易政策，同时，在GATT的倡导下，自由贸易政策大行其道进入新世纪，拥有160多个成员国的世界贸易组织以及其广泛影响力的一揽子游戏规则，奠定了全球管理贸易政策的基石，并在贸易利益的驱使下，一些国家又悄悄兴起了保护贸易政策。

自由贸易政策是指国家取消对进出口商品贸易和服务贸易的限制，取消对本国进出口商品贸易和服务贸易的各种特权和优待，使商品自由进出口，服务贸易自由进行，在国内外市场上自由竞争。保护贸易政策是指国家利用各种限制进口和控制经营领域与范围的措施，保护本国产品和服务在本国市场上免受外国商品和服务的竞争，并对本国出口商品和服务贸易给予优待和补贴。战略性贸易政策是指国家从战略的高度，用关税、出口补贴等措施，对现有或潜在的战略性部门和产业进行支持和资助，使其取得竞争优势，提高经济效益和国民福利。管理贸易政策是指国家通过贸易立法或签订贸易协定或加入相关国际贸易组织，利用规章条款，对本国进出口贸易进行有秩序的管理，以协调和发展与贸易对象国之间的经贸关系的一种外贸政策。简言之，就是依法治贸，按国际规则办事。

早在 15、16 世纪的重商主义时期，保护主义就已出现。保护主义的贸易政策是指国家采取各种限制进口的措施来保护本国市场，使其免受外国商品竞争，并对本国出口商品给予优待，鼓励商品出口的贸易政策。时至今日，贸易自由化作为符合“自然秩序”的一种贸易模式，仍是人类不懈追求的一种理想的贸易政策，仅是国际贸易有望达到的一种美好境界。亚当·斯密也很清楚这一点：“期待贸易自由像期待乌托邦一样的荒谬，因为不仅公众的偏见会反对，而且更无法克服的是存在许多个人的私利，都会不可遏制地出来阻挡和反对自由贸易。”这主要是因为各国经济发展不平衡，存在国家利益和民族利益、社会制度、经济体制和文化观念等方面的差异，贸易利益不可能在世界各国之间均衡分配。“在贸易政策中，国家安全不是唯一的非经济目标，各国可能非常想保留自己的文化传统或保护本国环境。”“有些人将其保护主义的论点建立在纯经济论据的基础之上；另一些人则宣称由于社会和政治的原因，采取保护主义是适当的。”基于国家利益和民族利益，在经济上落后的国家为了保护本国生产力的发展，特别是为了保护国内的幼稚工业，大力倡导并推行保护贸易；而那些发达国家为了维护国内市场的垄断价格和夺取国外市场，也总是打着贸易自由化的旗帜，实行严厉的保护贸易政策。

英国在 1660～1689 年，通过若干法令限制谷物的进口，形成了《谷物法》，1815 年又重新制定。它是英国粮食进出口管制条例的总称。1651 年，英国通过了重要的《航海法案》，其含义比它的名称要宽广得多，实际上是一连串有关海外贸易与航海的法令，目的是确保殖民地向英国供应原料。正是在如此严密的贸易保护政策下，英国率先完成了产业革命，从而建立起大机器工业，并于 19 世纪中后期登上世界经济政治的霸主地位。

18 世纪下半叶的英国在休谟、亚当·斯密、大卫·李嘉图的分工学说的影响下采取了自由贸易政策，主要表现为：从 1841 年开始降低了多种进口商品的关税；1842 年将所有原料的进口税率降低到 5%，所有工业品的进口税率降低到最高不超过20%；1846年6月6日正式废除《谷物法》；1849年再次对许多进口工业品免税，废止《航海法案》。

19世纪60年代，英国为了推行其贸易扩张政策，又先后同各国签订降低关税的双边贸易协定。1860年，英国与法国签订了《科伯登—谢瓦里埃条约》，规定互相减免关税，还附有最惠国条款。此后，法国又与其他国家先后订立互惠商约。英、法两个重要国家为欧洲开辟了一个自由贸易的新时代。此外，英国还迫使落后国家与其进行"自由贸易"，沦为其原料产地和商品销售市场。英国推行的贸易扩张政策形成了有国际贸易史以来的第一次贸易自由化趋势，同时也把英国推向世界经济政治霸主地位，成为了"世界工厂"。但是，美国在自由贸易中得尽好处，英国的霸主地位最终在自由贸易中被葬送。

19世纪70年代前后，主要资本主义国家在贸易保护下完成了工业革命，由新兴国家德国与美国发动的第二次产业革命使各国工业迅速发展，英国失去了在世界市场上的垄断地位。到19世纪末20世纪初，各国垄断组织争夺世界市场的争斗取代了英国领导的自由贸易和自由竞争。自19世纪70年代中期起，英国的工业生产在世界工业生产中所占的份额相对新兴的美国和德国等国家而言，逐渐降落。1870~1913年，英国工业才增长1倍多，而美国增长了8倍多，德国增长了4倍多，法国增长将近2倍。英国的经济绝对地位也下降了。1870年，英国工业远较德国、美国先进；到1880年美国已与之不相上下；1890年，被美国超过；在20世纪初被德国超过；到1913年，不但远远不如美国，且落在德国之后。至此，其长期的工业优势地位已全部丧失。在这一过程中，德国和美国的商品开始在世界市场上同英国的商品展开竞争，美国货与德国货不但侵及英帝国势力所及的市场，而且闯入英国国内市场。其他西欧国家工业发达的程度虽还不能同英国在世界市场上竞争，但已开始将其排挤出本国市场。印度、日本等国的纺织业发达后，立即占领了东方的市场。英国的贸易额在世界贸易总额中所占的份额从1870年的22%逐渐缩减到1913年的15%。这对工业产品主要依靠世界市场的英国而言，是个沉重的打击。于是，英国在第一次世界大战期间及战后征收部分保护关税。1931年11月英国政府颁布《紧急进口税条例》，对进口货从价征税50%；1932年2月正式颁布《进口税条例》，对一般进口货物征收10%的关税，对大多数工业品征收20%的关税，这是英国《谷物法》废止后第一个正式的保护税法，标志着英国盛极而衰后完全抛弃自由贸易政策，彻底回到保护贸易政策的道路上，再无权问鼎世界霸主的地位。类似的逻辑也出现在第二次世界贸易自由化浪潮中。只是有必要说明的是，随着“太阳永不落”国家这一历史不再，自由贸易趋势已经被贸易自由化浪潮所取代。尽管自由贸易仍然由世界经济政治的领头雁所推行，但随着明目张胆的殖民时代的结束，资本主义自由竞争被垄断竞争所取代，自由贸易的推进已无法如前者那样“随意”和“彻底”了。第一次世界大战加速了美国向工业品出口国的转变，第二次世界大战爆发以后其出口贸易又受到参战国军事和民用需求的带动。战争后期，其对外经济政策的主导思想是与充分就业相联系的创造出口顺差。根据 1934 年通过的互惠贸易协定法案，美国政府力求把关税削减 50%，并要求其他国家做出对等让步。截至 1939 年，美国成功签订 20 个以上的互惠贸易协定。第二次世界大战使世界上绝大多数国家满目疮痍，这就使 20 世纪中叶美国取得了相当于英国 19 世纪中叶在世界经济中的地位，在战后国际经济军事竞争中举足轻重。1944 年，美国通过布雷顿森林协议确立了以美元为中心的世界货币体系；1947 年，美国又发起签订 GATT；20 世纪 50 年代初，通过马歇尔计划为推销过剩产品找到了出路。随着世界经济的恢复和迅速发展，发达国家的对外贸易政策不断走向自由化。美国成了推动贸易自由化的排头军和最大得益者，走向了强盛的巅峰。

进入 20 世纪 70 年代，货币危机、石油危机、债务危机、世界性的经济衰退和高失业率以及日本与随后的新兴工业化国家在出口贸易方面获得的成功，使美国这一老牌工业化国家面临强大的竞争威胁。美国国内要求实行贸易保护的呼声激增，于是美国开始逐步抛弃对自身的“贸易自由化”要求，不断加强贸易保护。20 世纪 70 年代以前，美国除棉纺织贸易外，只是对罐装金枪鱼和碳钢贸易采取了特殊保护措施。进入 20 世纪 70 年代，美国不断增加非关税壁垒以保护自己的落后（传统）工业和新兴工业，1974 年以后又增加了许多类似措施。1984 年，美国国会通过《贸易与关税法案》，1988 年，经里根总统签署正式成为美国法律的《1988 年综合贸易与竞争力法案》就是保护主义的代表作。近年来，美国保护主义议案还在不断增加。

通过考察世界市场经济发展的历程不难看出，贸易自由化与贸易保护主义一直交错存在，各个国家总会自觉或不自觉地采取保护本国贸易的措施，只不过两种力量对比的不同可能导致在一定时期更倾向于一个方面。在国际贸易自由化的趋势下，关税保护和进口配额已置于 GATT/WTO 的规则约束中，非关税措施在国际保护贸易政策中越来越重要，保护的重点也由过去的传统竞争性产业逐步转向高技术产业，并且由政策法规的间接限制代替了过去的行政性限制。当下，知识产权在国际贸易中越来越重要，如果不加强知识产权的国际保护，各国利用知识产权壁垒阻碍贸易自由化是必然的。这也是尽管各国矛盾重重，利益分歧巨大，《与贸易有关的知识产权协议》（TRIPs）仍能达成的一个重要原因。

第二节　自由贸易政策的理论基础

自由贸易政策反映了历史演进的过程，即世界各国的经贸主管机构对商品贸易和服务贸易放宽管理的过程。在这个过程中，世界绝大多数国家为了本国的经济贸易利益，愿意逐步让渡经济贸易主权，逐步减少对进口贸易伙伴的商品和服务采取的限制，为进口商品和服务提供贸易优惠待遇的过程，使商品贸易和服务贸易更加自由。

当今世界五花八门的区域经济一体化组织和世界性的经济贸易组织，都体现着贸易自由化的内涵和效用，如20世纪的《关税与贸易总协定》（GATT），其宗旨就是“缔约国各国政府，认为在处理它们的贸易和经济事业的关系方面，应以提高生活水平，保证充分就业，保证实际收入和有效需求的巨大持续增长，扩大世界资源的充分利用以及发展商品生产与交换为目的。切望达成互惠互利协议，导致大幅度地削减关税和其他贸易障碍，取消国际贸易中的歧视待遇，以对上述目的做出贡献”；21世纪引领国际贸易主流的世界贸易组织（WTO，以下简称世贸组织），其宗旨也是“世界贸易组织成员在处理它们的贸易和经济领域的关系时，应以提高生活水平、确保充分就业、大幅度和稳定地增加实际收入和有效需求，拓展货物和服务的生产和贸易，持久地开发和合理地利用世界资源，努力保护和维持环境为目标，并通过与各国不同经济发展水平需要相符合的方式，来加强环保”。

可见，不管是GATT，还是WTO，都是在倡导贸易自由化，并致力于在国际贸易公平发展的基础上，促进经济增长、提高生活水平、保证充分就业、增加实际收入和有效需求。由于WTO是人类即将进入21世纪的产物，所以更加强调环境保护、持久开发世界资源与拓展国际服务贸易，但是其推动贸易自由化的宗旨没有变。

贸易自由化的理论基础来源于英国的两位经济学家——亚当·斯密和大卫·李嘉图。亚当·斯密通过对分工的解析提出了“绝对利益学说”，大卫·李嘉图发展了亚当·斯密的学说，提出了“比较利益学说”，赫克歇尔和俄林完善了亚当·斯密和大卫·李嘉图的学说，提出了要素禀赋理论。

一、绝对利益理论

按照亚当·斯密的说法，交换是人类的本性，分工可以提高劳动的效率，各国去生产自己最拿手的商品，然后进行交换，即进行国际贸易，可以取得共赢。他在《国民财富的性质和原因研究》一文中阐述了上述观点，并以英国和葡萄牙对毛呢和酒的生产进行举例说明：

如果两个国家不进行分工，英国用 120 人一年生产 1000 个单位的酒、用 70 人一年生产 1000 个单位的毛呢，葡萄牙用 80 人一年生产 1000 个单位的酒、用 110 人一年生产 1000 个单位的毛呢（见表 1-2），两国一年合计生产了 2000 个单位的酒和 2000 个单位的毛呢，英国生产毛呢的人数比生产酒的人数要少，葡萄牙生产酒的人数比生产毛呢的人数要少。可见，英国生产毛呢的效率比生产酒的效率更高，而葡萄牙生产酒的效率比生产毛呢的效率更高。两国必须进行分工，由英国全力生产毛呢，葡萄牙全力生产酒。

表 1-2　绝对利益理论举例（分工前）

国家	酒产量（个单位）	所需劳动力（人/年）	毛呢产量（个单位）	所需劳动人数（人/年）
英国	1000	120	1000	70
葡萄牙	1000	80	1000	110

资料来源：笔者根据相关文献整理。

分工导致葡萄牙生产酒的产量增加到 2375 个单位（190/80×1000＝2375）、英国生产毛呢的产量增加到 2714 个单位（190/70×1000＝2714）（见表 1-3）。然后，两个国家进行交换，英国用 1000 个单位的毛呢去交换葡萄牙 1000 个单位的酒，各取所需之后，在分别满足了分工前的英国所需酒的消费量和葡萄牙所需毛呢的消费量之后，会发现英国的毛呢消费量增加了 714 个单位、葡萄牙的酒消费量增加了 375 个单位（见表 1-4）。通过国际分工、国际贸易，使毛呢和酒产生增量，这就是贸易自由化的好处。

表 1-3　绝对利益理论举例（分工后）

国家	酒产量（个单位）	所需劳动力（人/年）	毛呢产量（个单位）	所需劳动人数（人/年）
英国			2714	190
葡萄牙	2375	190		

资料来源：笔者根据相关文献整理。

表 1-4　绝对利益理论下毛呢与葡萄酒交换的结果

国家	酒产量（个单位）	毛呢产量（个单位）
英国	1000	1714
葡萄牙	1375	1000

资料来源：笔者根据相关文献整理。

这就是亚当·斯密的绝对成本理论（Theory of Obsulote Cost），也被称作绝对利益理论（Theory of Obsolute Advantage）或地域分工（Theory of Territorial Division of Labour）。亚当·斯密的研究忽略了交易成本、失业等因素，只是进行了定性分析，是基于对家乡附近制衣厂制针环节的观察，研究了分工，发现了分工的好处，认识到必须进行国际贸易，而不能去妨碍自由贸易，这是对贸易自由化最早的理论解释。

二、比较成本理论

大卫·李嘉图的比较优势论，发展了亚当·斯密的绝对利益说。大卫·李嘉图认为，对于一个国家来说，对其具有绝对优势的产品进行专业生产是有利的，在那些具有比较优势的行业进行专业生产同样也是有利的，也可以通过国际贸易，互通有无，走贸易自由化的道路。大卫·李嘉图继续以英国和葡萄牙对毛呢和酒的生产进行举例说明：

如果两个国家不进行分工，英国用 120 人一年生产 1000 个单位的酒、用 100 人一年生产 1000 个单位的毛呢，葡萄牙用 80 人一年生产 1000 个单位的酒、用 90 人一年生产 1000 个单位的毛呢，两国一年合计生产了 2000 个单位的酒和 2000 个单位的毛呢（见表 1-5），英国生产毛呢所使用的劳动力人数和生产酒所使用的劳动力人数都比葡萄牙要多。可见，英国生产毛呢和酒的效率都不如葡萄牙，葡萄牙生产酒和毛呢的效率都比英国高。

表 1-5　比较成本理论举例（分工前）

国家	酒产量（个单位）	所需劳动力（人/年）	毛呢产量（个单位）	所需劳动力（人/年）
英国	1000	120	1000	100
葡萄牙	1000	80	1000	90
合计	2000	200	2000	190

资料来源：笔者根据相关文献整理。

可见，英国和葡萄牙在分工之前，葡萄牙生产毛呢和酒都处于优势地位，生产效率都比英国高，而英国生产毛呢和酒都处于劣势地位，生产效率都比葡萄牙低，两国无法按照亚当·斯密的绝对成本理论进行分工，也无法进行国际贸易，这种情况下，两国是否还需要分工呢？

大卫·李嘉图认为，这种情况下同样可以进行分工，同样可以提高生产效率，进行国际贸易。李嘉图发现，葡萄牙生产毛呢和酒的效率是有别的，即生产酒的效率更高，而英国生产毛呢和酒的效率也是有别的，即生产毛呢的效率更高，葡萄牙生产酒的效率更高，英国生产毛呢的效率相对高，英国应该全力生产毛呢，葡萄牙应该全力生产酒，两优取其更优，两劣取其次劣。

大卫·李嘉图的经典理论——“比较成本理论”可以用表 1-6 和表1-7 进行解释。

表 1-6　比较成本理论举例（分工后）

国家	酒产量（单位）	所需劳动力（人/年）	毛呢产量（单位）	所需劳动力（人/年）
英国			2200	220（100+120）
葡萄牙	2125	170（90+80）		
合计	2125	170	2200	220

资料来源：笔者根据相关文献整理。

分工后两个国家进行交换，英国用 1000 个单位的毛呢去交换葡萄牙 1000 个单位的酒，在分别满足了分工前的英国所需酒的消费量和葡萄牙所需毛呢的消费量之后，通过国际分工、国际贸易，产生 200 个单位毛呢和 125 个单位酒的增量（见表 1-7），贸易自由化的益处明显。

表 1-7 比较成本理论下毛呢与酒交换的结果

国家	酒产量（个单位）	毛呢产量（个单位）
英国	1000	1200
葡萄牙	1125	1000

资料来源：笔者根据相关文献整理。

保罗·萨缪尔森对大卫·李嘉图的比较利益说进行了更深入的论证，阐述了贸易自由化的种种益处："最有效率和最富生产性的专业化模式，是个人或国家都集中精力从事相对或比较而言比其他的人或国家效率更高的活动……在自由贸易条件下，当各国集中在其有比较优势的领域进行生产和贸易时，每个国家的情况都会变得比原先要好。与没有贸易的情况相比，各国的劳工专门生产自己具有比较优势的产品并将其与比较劣势的产品相交换时，他们同样的劳动时间就能够获得更多的消费品。"

从古典经济学家阐述的贸易理论可以看出，一国选择的最佳贸易政策应是自由贸易政策，即国家对进出口贸易不加干预和限制，允许商品自由输出和输入，在国内外市场自由竞争。

各国在具有相对较高生产力的领域进行专业化生产，将有助于提高国家的真实财富总量。比较优势理论所赖以存在的基础正是亚当·斯密的自由市场经济学说。

在《国民财富的性质和原因研究》中，亚当·斯密对实行经济自由的必要性做了深刻分析，他认为"经济人"的谋利动机、社会资源的优化配置、国际分工的发展都要求经济自由。亚当·斯密通过发展诺思关于"国际分工"的思想，进一步论证了自由贸易的好处。他认为，正像国内每个生产部门内部和彼此之间存在着分工并且这种分工的发展能够提高劳动生产力一样，国际上不同地域之间也存在着分工，这种国际地域分工通过自由贸易也能促进各国劳动生产力的发展。

三、要素禀赋说（Factor Endowment Theory）

要素禀赋说源于瑞典经济学家赫克歇尔和俄林合力创作的《域际与国际贸易》一书，也称赫—俄原理（Theory of H-O）。

该学说以各国生产要素的丰饶程度不同，来解释国际分工和国际贸易的必要性。我们知道，世界各国在地理位置、资源、种族、语言、民族性格、人口数量等方面存在差异，所以不同生产要素的富有和稀缺程度不同，各国用富有和稀缺程度不同的生产资料加工而成的产品的成本和价格也肯定不同，这就为世界各国进行国际分工和国际贸易奠定了基础。广义的要素禀赋说包括生产要素供给比例说和要素价格均等化说。

（一）生产要素供给比例说

生产要素供给比例说的内在逻辑关系为：

生产要素不同的供求比例

↓

生产要素不同的价格比例→不同成本比例→相同成本比例

↓

成本的国际绝对差

↓

价格的国际绝对差

↓

国际贸易和国际分工

↓

有效利用世界资源

↓

提高各国福利水平

（二）要素价格均等化说

要素价格均等化说研究的是贸易对生产要素的反作用：一方面，循环往复的国际贸易会导致本来价格比较低廉的丰饶的生产要素的价格上涨，另一方面，循环往复的国际贸易又会导致本来价格比较高昂的稀缺的生产要素的价格下跌。其内在逻辑关系为：

不断出口本国丰饶要素所生产的商品

↓

对该种要素需求增加

↓

本国这些要素价格日趋上涨

可见，如果一国连续出口本国丰饶要素生产的商品，最终会导致这些要素逐步变得相对稀缺，价格自然上涨。

反之亦然：

不断进口本国稀缺要素所生产的商品

↓

对该种要素需求减少

↓

本国这些要素价格日趋下跌

可见，如果一国连续进口本国稀缺要素生产的商品，最终会导致这些要素逐步变得相对丰饶，价格自然下跌。

最终，世界各国生产要素的价格趋向均等化，但是不可能完全相同。

第三节　保护贸易政策的理论基础

保护贸易政策也反映了一个历史演进的过程，但与贸易自由化相反，是世界各国的主管机构对商品贸易和服务贸易严加管理的过程。在这个过程中，世界绝大多数国家基于自身的认识，为了本国的经济贸易利益，强调自身的经济主权意识，不愿意逐步让渡经济贸易主权，反而不断强化经济管理，直至走向极端，如清朝的闭关锁国，以及英国早期的禁止贵金属外流和贸易差额论，就是典型的反贸易自由化，对贸易伙伴的商品和服务出口采取极端的反治措施，不为进口商品和服务提供贸易优惠待遇。

从历史上看，反贸易自由化或者说进行贸易保护，同样具有很灵活的操作性，如果运用得当，得地利人和，对于国家发展、民族振兴，也具有积极的作用，美国和德国是典型的从反贸易自由化中获取巨大经济利益后，又转而走向贸易自由化的国家。

逆贸易自由化的理论基础主要来源于英国经济学家威廉·斯塔福的《对近来我国各界同胞常有的一些抱怨的简单考察》和英国商人托马斯·孟1621年出版的《论英国的东印度公司》，以及德国经济学家弗里德里希·李斯特1841年出版的《政治经济学的国民体系》，其中，托马斯·孟的《论英国的东印度公司》后经改写由其子于1644年出版，书名为《英国得自对外贸易的财富》又名《对外贸易差额是衡量我国财富的尺度》。

威廉·斯塔福在《对近来我国各界同胞常有的一些抱怨的简单考察》中

提出了人类历史上最极端的反贸易自由化措施，即禁止货币流出英国的重商主义贸易政策，属于典型的反贸易自由化思想。按照威廉·斯塔福的主张，任何国家与英国进行贸易，赚到贵金属（金银）货币，不能带出英国，只能购买英国货物后出境。

英国商人托马斯·孟的思想虽然比威廉·斯塔福的思想有进步，但是仍然属于强制性的保护贸易政策，主流还是反贸易自由化。托马斯·孟告诉英国政府，只要保证流入英国的货币大于流出英国的货币即可，如何做到这一点呢，即奖出限入，国家力量有力地介入，要求与英国进行贸易的国家，必须使用英国船只运输货物。

弗里德里希·李斯特早期是一名新闻记者，后来从教、经商，其贸易思想也很是灵活，早期主张贸易自由化，后来逐渐转变成反贸易自由化，更是于1791年12月向国会提交了《关于制造业的报告》的调查采访，阐述保护制造业的必要性：制造业对国家利益关系重大，发展制造业不仅可以促进社会分工、推广机器使用、扩大就业、诱使移民流入、发挥个人才能、提供开创各种事业的机会，还可以保证农产品的销路。美国工厂主为了防止外来竞争，加速发展经济，敦促国家在市场和劳动力方面提供保障，催生了保护幼稚工业的学说。李斯特认为，农业的生产方式代表着落后和原始，缺乏积极向上的进取精神，所以不需要保护，而工业化的生产方式代表着未来，积极向上，需要大力扶持，尤其是刚刚发展起来的幼稚工业，以抗衡强有力的国外竞争者。但是，不管是农业还是幼稚工业，保护的目的都是在最短的时间内取得竞争优势，其学说的核心是保护取得竞争优势，这是对当代国际贸易仍然具有影响力的早期贸易学说，也是反贸易自由化的理论根基。

另外一位对当代西方经济政策产生较大影响的人物是英国经济学家约翰·梅纳德·凯恩斯，曾任英国剑桥大学经济学讲师、英国科学院研究员、英国皇家经济学会会长、国际复兴与开发银行总裁、英格兰银行董事等职务，他的投资乘数理论解释了国民收入的增加量（ΔY）与投资增加量（ΔI）的乘数关系，即国民收入的增加量与投资增加量是倍数关系，倍数的大小取决于边际消费倾向，而边际消费倾向又取决于一定时期内的消费增加量与收入增加量的比率，归根结底，国民收入的增加量与投资和消费有直接关系，也就是国民经济中的投资拉动和消费拉动。凯恩斯学说的崇拜者经过深入研究，把投资乘数理论演变成外贸乘数理论，即 $\Delta Y = K \cdot [\Delta I + (\Delta X - \Delta M)]$，充分考虑了出口增加量($\Delta X$)和进口增加量($\Delta M$)的变化关系，并认为，如果 $\Delta X - \Delta M$ 是正数，相当于增加了投资，对于国民收入的增加量有积极作用，如果 ΔX-ΔM 是负数，相当于减少了投资，对于国民收入的增加量有消极作用，所以出口增加量与进口增加量之差为正数，就相当于追加了投资，于国民收入的增加量是有益的。如何保障出口增加量与进口增加量之差是正数，最好的办法就是采取反贸易自由化的高关税和非关税措施。

第四节　美国贸易政策的演变

美国贸易政策的演变过程，可以分为五个阶段：保护贸易政策、自由贸易政策、公平贸易政策、管理贸易政策、美国优先的超保护贸易政策。

一、保护贸易政策阶段（1783~1934 年）

1783 年，美国独立战争结束，1790 年左右开始步入工业化进程。从 1789 年第一届国会成立到 1930 年，美国的对外贸易问题主要是关税问题。这一时期，美国总体上倾向于采用高关税政策。

18 世纪 70 年代取得独立的美国，成功地实行了保护贸易政策。首任财政部长汉密尔顿的《关于制造业的报告》作用重大。美国在 19 世纪下半叶，一直采取高达 40%~50%的保护关税政策，其中 1861 年到 1866 年平均关税税率从 18.8%提高到 48.3%，美国工业得以迅速发展。独立后，美国政府在汉密尔顿的推动下，利用保护关税限制英国产品的输入以扶植和发展民族工业，甚至不惜冒战争风险。

美国于 1789 年制定了第一个关税税则，平均税率为 8.5%。此后到 1808 年的历次关税税则都在提高关税税率。第二次独立战争后，美国进一步实行高额的保护关税政策，平均税率由 10%提高到 30%，后又提高到 45%左右。

1864 年的《战争关税法》使关税平均税率 1865 年提高至 47.06%、1866 年提高至 48.3%。1867 年制定的《羊毛与毛料税则》提高了羊毛和毛料的进口税率，之后又对纺织品、钢铁、铜、镍及料器等提高了进口税率。

1890 年，美国制定并通过了《麦金莱税则》，全面提高了进口税率，平均税率为 49%。1897 年所通过的《丁利税则》较 1890 年的税则更甚，平均进口税率为 57%，达到美国关税史上空前的高度。

美国之所以采取高关税政策，一是由于高关税才能带来高收入，当时关税是美国联邦政府的主要税源，高关税对政府财政增收有直接好处；二是由于美国建国初期属于典型的发展中国家，处于农业社会向工业化社会的过渡时期，要保护新兴产业和国内市场，必须维持高关税。美国建国初期的一项重要经济工作就是不断地修正税法，共通过了 9 个重要关税法，基本都以提高关税为核心目的。

1930 年 6 月 17 日，美国悍然公布《霍利—斯穆特税则》，使美国的实际税率在 1929~1932 年几乎提高了 50%，平均达 65%，并开始征收报复性关税。这样，美国进入 20 世纪后逐渐取代英国成为世界头号强国。从《关于制造业的报告》到《霍利—斯穆特税则》，美国把保护贸易政策推向历史新高，引致世界各国之间展开贸易报复，打乱了世界经济秩序，美国也深受其害。

二、自由贸易政策阶段（1934~1974 年）

1934 年，在罗斯福总统的倡议下美国国会通过了《互惠贸易协定法》，标志着自由贸易主义开始在美国政治中占据统治地位，是美国走向多边贸易体制的起点。

20 世纪 30 年代大危机后，尤其是在第二次世界大战后，美国终于占据了世界经济和政治霸主的宝座，德国、法国等西部欧洲国家在 20 世纪 50 年代末以前，成为美国产品的销售市场。美国产品的不断输入严重影响了它们本国工业的发展，它们被迫成立西欧共同体，搞经济一体化，对内取消关税，对外实行保护关税，加强非关税壁垒，搞集体贸易保护政策。20 世纪 70 年代石油危机后，西欧的贸易保护进一步升级。作为能与美国、日本抗衡的“一极”，如今的欧盟不能不说是集体贸易保护的成果。日本是 20 世纪 60 年代发展起来的经济大国，是最严格地实行贸易保护政策的国家。它的产品大量涌向别的国家，而它本国则对外紧闭市场。日本经济的高速发展也是在超保护贸易政策下实现的，以至于近几年各国要求日本开放其国内市场的呼声不绝于耳。通过上面对历史的回顾，可知保护贸易在历史上是具有普遍性的，自由贸易只是个别时期的特殊现象。

同时，我们还必须认识到，自由贸易在世界的推行决非单凭生产力的绝对优势地位就能实现的，在很大程度上还不得不依靠间接的生产力——政治军事力量来推行。大机器工业的率先建立是英国得以领导第一次自由贸易政策的物质基础。大机器工业生产出物美价廉的商品为其提供了征服国外市场的利器；

交通运输方式的改革和电报等现代化通信工具的产生为其实行自由贸易政策提供了便利条件。但从本质上来说，大英帝国向落后国家推行“自由贸易”的过程是凭借军事力量进行殖民统治和商业战争的过程，是通过不平等甚至卑劣的、血腥的手段实现的。

通过殖民统治，颁布各种法令，强迫殖民地按照宗主国的需要种植农作物；通过商业战争，签订不平等条约，强迫战败国接受自由贸易政策，沦为原料产地和商品销售市场。英国实行自由贸易是与攫取经济利益和扩张领土相结合的，崇尚国际主义是与对外侵略相结合的。“二战”后，美国凭借其经济和军事地位来冲击大英帝国的特惠制，倡导多边主义式的贸易自由化的过程实际上也就是在不平等的起点面前迫使其他国家作出所谓的“对等”让步的过程。

这一时期，美国的对外贸易政策主要体现在以下两个方面：

首先，1934~1958 年关税大幅下降，但伴随着“例外条款”的增加，包括先后发行的危险点条款、免责条款以及国家安全条款，居高不下的税率也从 1932 年 59%的高点降至 1959 年的 12%；

其次，1962 年《贸易扩张法》生效后，美国得以参加并完成了关贸总协定“肯尼迪回合”谈判，实现了全球贸易体制的进一步自由化。

20 世纪 70 年代后，虽然国际政治环境相对稳定，但世界经济格局却发生了重大变化——西欧经济一体化不断发展，日本经济开始复兴，发展中国家要求经济独立等；美国面对的国际背景和国内背景也发生了变化，包括非关税贸易壁垒的阻碍、美国贸易竞争对手的兴起、美元地位的下降、布雷顿森林体系的瓦解以及关贸总协定成立之后成员不断增多，多边贸易体制的异质性日益严重，例外越来越多。上述因素综合起来，使美国不得不对对外贸易政策做出必要的调整，故提出了公平贸易政策。

三、公平贸易政策阶段（1974~1980 年）

由于美国的切身利益受到威胁，所以美国政府对贸易政策进行了有力的干预，公平贸易政策应运而生，成为美国报复贸易对手的一种理论依据。1974 年，美国国会通过了《贸易改革法》，该条款使贸易代表能够针对其他国家所谓不公正、不合理或歧视性的贸易做法进行反击，以保证实现美国各项贸易协定下的权利。其是美国外贸政策开始从多边自由贸易转向双边协调和保护的重要信号。

美国把对外贸易政策的重要性提高到前所未有的高度，并通过贸易促进、贸易限制和贸易制裁等方式来调节对外关系。特别是在《1996 年贸易政策议程和 1995 年总统关于贸易协定方案的年度报告》中，美国将其对外贸易政策的目标明确为四个方面，即打开外国市场、坚持“平等竞技”、为美国公司和工人实行激进的贸易促进战略、将对外贸易政策与全球经济战略相结合。这种政策说明，半个多世纪的全球贸易自由化进程实际上是符合美国的长期经济战略利益的。

四、管理贸易政策阶段（1980~2016 年）

1985 年，里根政府推出贸易政策行动计划，制定了《1988 年综合贸易法》，旨在设立推动出口的机构，以扩大出口，同时施行对等援助，扶持中小企业。1989 年，乔治·赫伯特·沃克·布什政府通过《美国贸易法修正案》，提出“开放市场，建立一个不断扩大的国际贸易体制”。克林顿政府将“经济安全”列为对外政策的三大支柱之首，把外贸视为“美国安全的首要因素”，同时推出“国家出口战略”，采取多元化的贸易策略，利用多边贸易谈判、区域贸易机制和双边贸易谈判，积极拓展美国对外贸易的空间。乔治·沃克·布什政府在强化“管理贸易”的同时，实施对外管理贸易政策，同时提倡更为实用的“公平贸易”政策，推出“竞争自由化战略”，实施单边贸易保护政策，多边、区域、双边贸易自由化并举。奥巴马政府由于面对国内失业率不断上升、财政赤字打破历史纪录、贸易高额逆差、美国国内贸易保护主义和反华势力日益猖獗等形势不得不重新审视自由贸易协定，采取一系列政策，推动国外产业回流到国内，贸易政策也开始倾向贸易保护主义。

五、美国优先的超保护贸易政策阶段（2017 年至今）

特朗普政府的对外贸易政策以贸易保护主义为核心，主要包括：退出 TPP、提升贸易壁垒、通过税收政策使企业回流美国。但即便如此，美国政府也应当深刻认识到，贸易保护的直接效应可能使部分关税转嫁给消费者。进口消费品价格上涨会侵蚀消费者利益，美国国内供给不足，更会助推消费品价格升高，导致消费数量减少，这对美国低收入者影响较大；进口半成品和投资品价格上升可能带来通胀，半成品和投资品价格上升可能会通过成本加成定价反映到最终消费品上，从而导致消费品价格上升，引发通胀；进口数量减少会导致低效率和寻租，美国国内效率较低的企业受贸易保护也得以存活，经济整体的效率下降。如果采取贸易保护，美国的贸易逆差很可能会缩小，该循环可能会被削弱，加上特朗普政府可能通过减税等方式吸引企业回流，美元的国际货币地位可能会受到影响。

美国优先的超保护贸易政策有利也有弊，权衡各种政策，才是美国政府最需要做的。

综上可知，美国贸易政策经历了五个阶段的演变过程，接下来我们来看一下历年美国对外贸易额以及主要进出口商品的国别构成等具体情况。

表 1-8 描述了美国对外贸易的进出口额，但对伙伴国的描述却十分粗糙。为此，我们通过表 1-9 至表 1-12 更加具体地说明美国五大类商品进出口的流向（见表 1-9 至表 1-12）。

表 1-8　美国对外贸易额年度和月度表

单位：百万美元，%

时间	总额	同比	出口	同比	进口	同比	差额	同比
2001 年	1870100	−6.4	729100	−6.6	1140999	−6.2	−411899	−5.6
2002 年	1854469	−0.8	693103	−4.9	1161366	1.8	−468263	13.7
2003 年	1981892	6.9	724771	4.6	1257121	8.2	−532350	13.7
2004 年	2284579	15.3	814875	12.4	1469704	16.9	−654830	23.0
2005 年	2574536	12.7	901082	10.6	1673455	13.9	−772373	18.0
2006 年	2879906	11.9	1025967	13.9	1853938	10.8	−827971	7.2
2007 年	3105161	7.8	1148199	11.9	1956962	5.6	−808763	−2.3
2008 年	3391083	9.2	1287442	12.1	2103641	7.5	−816199	0.9
2009 年	2615668	−22.9	1056043	−18.0	1559625	−25.9	−503582	−38.3
2010 年	3192351	22.0	1278495	21.1	1913857	22.7	−635362	26.2
2011 年	3690462	15.6	1482508	16.0	2207954	15.4	−725447	14.2
2012 年	3822088	3.6	1545821	4.3	2276267	3.1	−730446	0.7
2013 年	3846504	0.6	1578517	2.1	2267987	−0.4	−689470	−5.6
2014 年	3978230	3.4	1621874	2.7	2356356	3.9	−734482	6.5
2015 年	3751285	−5.7	1503101	−7.3	2248183	−4.6	−745082	1.4
2016 年	3638816	−3.0	1451011	−3.5	2187805	−2.7	−736794	−1.1
2017 年	3889638	6.9	1546733	6.6	2342905	7.1	−796172	8.1

续表

时间	总额	同比	出口	同比	进口	同比	差额	同比
2018年1~9月	3127604	9.3	1242245	9.1	1885359	9.4	-643114	10.0
1月	328808	8.5	125329	6.7	203478	9.6	-78149	14.6
2月	315722	9.4	128098	7.4	187625	10.8	-59527	18.7
3月	357212	8.2	149083	9.7	208129	7.1	-59047	1.2
4月	342982	10.6	137710	11.2	205272	10.3	-67563	8.4
5月	361169	10.0	144538	13.1	216631	8.0	-72093	-1.0
6月	357877	8.1	145110	9.3	212767	7.2	-67657	3.0
7月	350387	11.5	133457	9.3	216930	13.0	-83473	19.4
8月	362126	9.4	139637	8.1	222489	10.2	-82852	14.1
9月	351321	8.1	139283	6.9	212037	8.9	-72754	12.8

资料来源：中国商务部。

表1-9 2018年1~9月美国五大类出口商品的国别/地区构成

单位：百万美元，%

(a)				(b)			
HS84-85：机电产品				HS86-89：运输设备			
国家和地区	金额	同比	占比	国家和地区	金额	同比	占比
墨西哥	67038	7.4	23.1	加拿大	48512	5.3	23.6
加拿大	53253	6.1	18.3	中国	20382	-2.8	9.9
中国	20231	9.6	7	墨西哥	20020	4.2	9.8
韩国	10307	-11.8	3.5	德国	12008	12.7	5.9
中国香港	9883	0.5	3.4	英国	11251	23.2	5.5
(c)				(d)			
HS25-27：矿产品				HS28-38：化工产品			
国家和地区	金额	同比	占比	国家和地区	金额	同比	占比
墨西哥	25974	33.2	18	加拿大	17187	1.4	13.4

续表

(c)				(d)			
HS25-27：矿产品				HS28-38：化工产品			
国家和地区	金额	同比	占比	国家和地区	金额	同比	占比
加拿大	21160	30.3	14.6	墨西哥	13170	12.7	10.3
中国	8823	41.9	6.1	中国	9324	17	7.3
巴西	6727	9.1	4.7	日本	8000	7.4	6.2
荷兰	6672	51.7	4.6	比利时	7378	11	5.8

(e)			
HS90-92：光学、钟表、医疗设备			
国家和地区	金额	同比	占比
中国	7437	15.5	10.9
加拿大	6717	3.6	9.8
墨西哥	5759	9.3	8.4
日本	5756	9	8.4
荷兰	5441	16.3	8

资料来源：中国商务部。

表 1-10　2018 年 1~9 月美国五大类进口商品的国别/地区构成

单位：百万美元，%

(a)				(b)			
HS84-85：机电产品				HS86-89：运输设备			
国家和地区	金额	同比	占比	国家和地区	金额	同比	占比
中国	196574	8.8	36	墨西哥	69513	10.3	28.3
墨西哥	94808	10.8	17.4	加拿大	43723	-5.2	17.8
日本	36675	2.2	6.7	日本	40703	1.2	16.6
德国	27068	13.2	5	德国	20506	-6.5	8.4
加拿大	23426	9.8	4.3	韩国	13859	-14.5	5.6

续表

(c)				(d)			
HS25-27：矿产品				HS28-38：化工产品			
国家和地区	金额	同比	占比	国家和地区	金额	同比	占比
加拿大	66380	21.8	35.9	爱尔兰	30850	20.1	17.9
沙特阿拉伯	15933	13.8	8.6	德国	17405	19.4	10.1
墨西哥	12519	48.9	6.8	加拿大	14219	12.2	8.3
伊拉克	9705	26.4	5.3	中国	13630	21.8	7.9
委内瑞拉	9225	-0.4	5	瑞士	13618	12	7.9

(e)			
HS72-83：贱金属及制品			
国家和地区	金额	同比	占比
中国	20690	8.6	19.6
加拿大	20350	12	19.2
墨西哥	9695	14	9.2
德国	4913	16.3	4.7
中国台湾	4487	5.6	4.2

资料来源：中国商务部。

表 1-11　2018 年 1~9 月美国对主要区域组织出口额

单位：百万美元，%

国家和地区	金额	同比	占比
总值	1242245	9.1	100
经合组织	827572	10.3	66.6
亚太经合组织	771738	8	62.1
北美自由贸易区	423254	8.6	34.1
东盟 10+6	299599	9.3	24.1
拉美一体化协会	275350	9.8	22.2

续表

国家和地区	金额	同比	占比
南方共同市场	273220	9.6	22
欧盟 28 国	237849	13.6	19.2
东盟 10 国	64122	11.1	5.2
中东 15 国	54001	-2.1	4.4
石油输出国组织	42383	-3.4	3.4

资料来源：中国商务部。

表 1-12　2018 年 1~9 月美国对主要区域组织进口额

单位：百万美元，%

国家和地区	金额	同比	占比
总值	1885359	9.4	100
亚太经合组织	1267966	8.3	67.3
经合组织	1091178	9.7	57.9
东盟 10+6	744372	7.6	39.5
北美自由贸易区	498977	9.7	26.5
欧盟 28 国	359355	13.6	19.1
拉美一体化协会	325299	9.5	17.3
南方共同市场	322225	9.5	17.1
东盟 10 国	138750	10.4	7.4
中东 15 国	60662	9.4	3.2
石油输出国组织	59150	9.5	3.1

资料来源：中国商务部。

第二章 出口贸易管制

第一节　出口管制概述

出口管制是美国为保持全球超级大国地位而采取的主要手段，也是逆全球贸易自由化的一种选择，极大地影响了美国与贸易伙伴国的正常关系。

一、出口管制的含义

出口管制是国家政府机关为达到政治、军事、经济以及外交利益等，利用行政和法律的强制手段，对本国某些物资、技术以及服务的出口流向和规模加以约束和管制的一种措施。美国出口管制法律体系的产生距今已有 100 多年的历史，最初是迫于战争的压力，不得不对交战国和敌对国采取贸易禁运的出口管制政策，但如今出口管制不再是迫于压力的一种被动防御措施，而已经成为打压贸易伙伴、追求国际贸易利益、逆全球贸易自由化趋势的工具。

在当今世界经济全球化的趋势下，国际贸易迎来了前所未有的繁荣，美国严格的出口管制与开放贸易很不协调，给全球自由贸易以错误的引导，与世界贸易组织开放市场的宗旨相背而行，设置了不必要的障碍，更不能合理有效地利用世界资源。

二、出口管制的分类

（一）单边出口管制

单边出口管制，是指一个国家根据本国的出口管制法律与制度，设立专门的出口管制执行机构，独立地对本国某些商品、技术和服务的出口申请进行审批和颁发出口许可证以实行出口管制的一种措施。

单边出口管制是国家间相互竞争的产物，尽管单边出口管制不利于世界总体福利水平的提高以及资源配置的总体优化，但各个国家为了实现自身的经济、政治利益最大化，依然会采取这种措施，并且会随着国际政治经济形势的变化来不断地调整与改进自身的单边出口管制机制。如某一国将他国视为“友好的盟国”时，就会在一定程度上放松对其的出口管制政策，甚至在出口贸易这一领域不加以任何形式的管制，以促进两国间经济贸易关系的发展。相反，当某一国将他国视为“敌国”时，就会在一定程度上收紧对其的出口管制政策，甚至采取完全贸易禁运的措施，以防止本国先进物资与技术流向敌国进而威胁本国国家安全。

（二）多边出口管制

多边出口管制，是指多个国家为了实现共同的政治目的与经济利益，通过一定方式建立国际性的多边出口管制机构，共同商讨和编制多边出口管制清单和出口管制国别，规定出口管制办法等，以协调彼此的出口管制政策和措施。

多边出口管制的参与国之间不仅存在共同利益，同时也存在着一定的利益冲突，它们通过国际多边出口管制机制来实现彼此间利益的调和。实际上，国际多边出口管制机制是一种非正式机制，没有一个既定的法律规定各个成员国必须遵守怎样的出口管制政策与标准，多数情况下是由多边出口管制机制的各成员国共同商讨并达成一致共识，自觉遵守其制定的较为统一的管制规则、管制清单以及协调机制。

国际上较为重要的多边出口管制机构有“输出管制统筹委员会”（Coordinating Committee for Export to Communist Countries），管理文件有《关于常规武器和两用物品及技术出口控制的瓦森纳协定》（*The Wassenaar Arrangement on Export Controls for Conventional Arms and Dual-Use Good and Technologies*，以下简称《瓦森纳协定》）。

“输出管制统筹委员会”是 1949 年在美国的主导下，由美国、英国、法国、意大利、比利时、荷兰六国建立的一个对社会主义国家实行战略禁运和贸易限制的国际组织，由于该委员会的总部设在美国驻巴黎大使馆内，因此该委员会又被称为“巴黎统筹委员会”，简称“巴统”。“巴统”主要限制了军事武器装备、尖端技术产品和稀有物资三大类上万种产品对社会主义国家以及部分民族主义国家的出口。

《瓦森纳协定》是在“巴统”解散之后，1996 年在美国的操纵下由包括“巴统”原参与国在内的 33 个国家建立的一个针对常规武器和军民两用物资及技术的国际多边出口管制机制，其目的是弥补现行大规模杀伤性武器及其运载工作控制机制的不足。

三、出口管制的目的

（1）确保国内市场供应。商品的需求通常包括国内市场需求和国外市场需求两部分，当国外市场需求剧增时，商品就有大规模流出的趋势，此时若不加以一定程度的出口管制，则会造成国内供应短缺甚至完全中断。因此，为保护国内商品市场的合理供应与正常运行，国家必须根据实际情况实行不同程度的出口管制政策。

（2）稳定商品价格。当某种商品的国际价格上涨时，该商品的国内价格低于世界价格，理性的消费者就会在本国购买该种商品而不会在世界市场上购买。如果国家不对该商品的出口进行限制，就会导致该商品大量流向国外，从而导致国内市场该商品短缺、供不应求，进而导致该商品价格的上升，甚至引发物价水平全面持续上涨的通货膨胀现象。

（3）维护国家安全和世界和平。随着技术的飞速发展，现代武器越来越先进，核、生化、航天、导弹等技术逐步成为在未来战争中发挥主导作用的因素。如果不对这些尖端武器和技术的出口进行限制，让其落入支持恐怖主义的暴乱国家，后果不堪设想。因此，只有禁止这些技术的流出才可以使本国公民免受战争带来的灾难，才可以维护国家的长治久安和世界和平。

（4）保护国内稀缺资源。针对国内的某些稀缺资源，国家必须采取出口管制来防止其流向国外，从而延长资源的使用周期。因此，为保障不可再生资源的长期利用，一定程度的出口管制是极为必要的。

（5）保护国家文化。对于某些具有经济和文化双重价值的珍贵工艺品、古董以及文化遗产，国家必须采取出口管制的办法来保护文物不外流，从而达到弘扬民族文化的目的。

四、出口管制的效用

（1）出口管制是确保国家安全的重要措施。战略物资、稀缺资源以及尖端技术的出口都可能会对本国的安全带来严重的威胁。这些物资在一定程度上能提高其他国家的军事实力与综合竞争力，进而威胁到本国的安全，因此为了维护国家的长治久安，出口管制是必不可少的。

（2）出口管制是维持技术领先的重要保证。许多在某种技术上具备绝对优势的国家都会限制关键技术的外流，从而保证其生产的产品在质量、工艺、精密程度等方面均遥遥领先，在世界范围内形成垄断市场，从而提高本国产品的国际竞争力。

（3）出口管制是维护世界和平的必然选择。在世界恐怖主义日渐猖獗的背景下，通过出口管制的手段防止大规模杀伤性武器流入具有威胁性的组织或国家，可以有效减少地区冲突和恐怖袭击，是维护国家、地区和世界和平与安全的重要保证。

（4）出口管制是国际贸易平稳发展的重要保障。合理的出口管制有助于保障国际贸易的平稳发展，防止国内外企业的恶性竞争，从而实现稳定出口价格、提高产品质量、促进产业结构和产品结构优化与升级的目的。

第二节　美国出口管制的法律体系

一、美国出口管制政策的基本原则

1988 年 7 月 12 日生效的《美国出口管理法 1988 年修正案》第三章的“政策声明”明确指出，美国对国内一切商品、技术和服务的出口管制都遵循以下三个基本原则：国家安全原则、对外政策原则和短缺供应与抑制通货膨胀原则。

（一）国家安全原则

国家安全原则指的是限制那些能够增强其他潜在敌对国家或地区的军事能力从而对美国国家安全造成一定程度的威胁的物资和技术的出口。除《美国出口管理法 1988 年修正案》外，美国在其他许多的出口管制法规中也都一再强调维护美国国家安全的重要性。如《1949 年出口管制法》就有这样一条规定：对于有助于社会主义国家攫取经济利益、提高军事实力与综合国力，且对美国国家安全产生不利影响的任何产品和技术的出口，一概予以拒绝。

为使国家安全得到有效的保障，美国对除加拿大之外的所有国家都制定了不同程度的出口管制措施，并按照从严到宽的顺序将出口管制对象国家分成了Z、S、Y、W、Q、T、V、I共8个组别。Z组代表出于外交政策和国家安全原因施行全面禁运的国家；S组代表出于国家安全、反恐怖、核不扩散和地区稳定的需要，除药品、医疗用品、食品和农产品外都进行管制的国家；Y组代表允许非战略物资的出口，但出于国家安全需要，对于任何涉及军事用途、有助于提高进口国军事能力，甚至对美国国家安全造成潜在威胁的技术和物品严格禁止出口的国家；W组代表基本原则同Y组，但管制力度更加宽松的国家；Q组代表基本原则同W组，但管制范围和力度更加宽松、出口限制相对更少的国家；T组代表除对刑侦、军事物资出口要求具有许可证以外，基本不设任何管制的国家；V组代表对一切物资基本上都不存在出口管制的国家，但根据具体情况和国内政策，组内各国仍有待遇差别；I组代表受管制程度最轻、管制范围最小、出口限制条件最少的国家。当然，这种出口管制的分组并不是一成不变的，而是随着国际形势和外交政策等具体现实情况的变化进行相应调整的。虽然出口管制国家分组会随着时间而改变，但不变的是，只要某项物资或技术对美国国家安全造成了一定程度的威胁，无论是直接从美国出口，还是间接从第三国转口，都要执行极其严苛的出口管制措施。由此可见，国家安全原则是美国出口管制政策中极为重要的一个基本原则。

（二）对外政策原则

对外政策原则指的是为了进一步优化美国的对外政策、履行所宣布的国际义务以及承担作为大国应有的国际责任而必须对某些物资和技术进行不同程度的出口限制。例如，只有对于那些恐怖主义盛行、滥用生化武器及核武器、支持反世界和平论的国家实行完全贸易禁运的出口管制措施，才能使国家安全和世界和平的美好愿望得以实现。具体而言，在实施出口管制政策时，美国总统要及时向国会报告出口管制的性质、内容、执行进度及结果，以及工商界的意见、盟国的态度等相关信息，同时要充分考虑以下因素：①在现有条件下出口管制措施能否顺利进行以及是否能够达到预期的目的，即该出口管制政策是否具有可行性；②现行的出口管制政策是否符合国家外交政策的导向以及是否与国家的经济利益相一致；③对某产品或技术的出口管制政策对美国的综合国际竞争力、作为出口商品和技术提供者的国际声誉，以及国内就业状况可能产生的各种影响；④外国政府对于美国的出口管制政策可能做出的一系列反应。

（三）短缺供应与抑制通货膨胀原则

短缺供应与抑制通货膨胀原则指的是为了保护美国的短缺资源，防止因国内稀缺资源过多地流入外国而导致国内市场供不应求，进而导致全社会物价水平持续普遍上涨的通货膨胀现象的发生，必须对某些商品和技术的出口进行限制。在美国历史上，出于该原则的出口管制政策只是全部出口管制政策的一小部分，且涉及的管制范围也非常有限。虽然美国政府只是偶尔或暂时实施该类出口管制政策，但在实施过程中，只要某项资源或技术被认定为是国家稀缺的，那么针对该项资源或技术，美国基本上对所有国家都要实行不同程度的出口管制。稀缺资源的出口一般以过去未实行出口管制时各进口国的进口额在美国出口总额中所占的比例为基础，尽可能按照公平的原则将稀缺资源分配给各个国家。

二、美国出口管制的法律体系

美国现行的出口管制法律体系因管制对象不同可划分为两大类：一是军民"两用"品出口管制法律体系，主要由《1979 年出口管理法》（*Export Administration Act of* 1979）及其实施细则《出口管理条例》（*Export Administration Regulation*）构成；二是军品出口管制法律体系，主要由《武器出口管制法》（*Arms Export Control Act*）及其实施细则《国际武器贸易条例》（*International Traffic in Arms Regulations*）构成。

（1）军民"两用"品出口管制法律体系。美国基于维护国家安全、促进外交政策、防止供应短缺和通货膨胀、履行作为负责任大国应尽的不扩散的国际义务等目的对军民"两用"品的出口和再出口进行管制，其法律依据是《1979 年出口管理法》及其实施细则《出口管理条例》。

《1979 年出口管理法》授权美国总统基于国家安全、外交政策、不扩散和保证稀缺物资供应的目的对军民"两用"物项进行出口管制，美国的商务部作为执行机构。该法律分别于 1981 年、1985 年及 1988 年进行了三次小幅度修正，尽管修订后的出口管理法多次到期，但美国总统多次利用《国际紧急经济授权法》宣布法律到期后国家进入紧急状态，通过紧急授权，在《国际紧急经济授权法》的授权范围内，将《1979 年出口管理法》延期使用了三次，直至 2001 年 8 月到期失效，目前美国执行的是 1988 年美国《出口管理法修正案》，尚未出台新的出口管理法。

为了使《1979年出口管理法》得到有效的贯彻落实，提高出口管制政策的透明度，美国商务部又于1979年在该法案的基础上审议并制定了《出口管理条例》（*Export Administration Regulation*），该条例进一步明确了出口管制的原则与目的、出口管理条例的范围、商业管制清单、国家管制清单、一般禁运及其他特殊管制、伊拉克重建的特殊许可证、视同出口管制、化学武器公约的要求、短缺供应管制、出口清关要求等内容，囊括了与美国出口管制政策相关的所有办法与规定，是执行美国《1979年出口管理法》和办理出口许可证手续的一个综合指南。

（2）军品出口管制法律体系。美国军品出口管制法律体系主要由《武器出口管制法》（*Arms Export Control Act*）及其实施细则《国际武器贸易条例》（*International Traffic in Arms Regulations*）构成。

1976年美国国会正式颁布了一部专门针对武器装备与技术出口管制的法律——《武器出口管制法》。该法案的目的在于保持社会政治经济进步所必需的国际和平与安全的大环境；实现以国际协约的形式加强与同盟国及友好国家的共同防御与合作；贯彻落实美国的国家安全战略目标和外交政策。该法案授予了美国联邦政府对国内重要军事战略物资、军用技术及服务出口和再出口管制的权力，并授权美国总统对防御性武器、技术和服务的进出口贸易活动进行管制和约束。

《武器出口管制法》的执行机构是美国的国务院和国防部，以国务院为主。为了使《武器出口管制法》得到有效的贯彻落实，美国国务院制定了专门的实施细则——《国际武器贸易条例》。《国际武器贸易条例》是美国一套专门针对防御性商品、技术与服务的进出口管制条例。

三、美国出口管制政策的主要措施

（一）出口许可证

美国《出口管理条例》规定，美国国内个体、出口商或政府机关如果想要向其他国家出口商品、技术或服务，都必须事先申请专门的出口许可证，只有获得审批之后才可进行出口贸易。美国的出口许可证主要分为两大类：一类由商务部颁发，另一类由国务院颁发。

美国商务部颁发的出口许可证主要包括三种类型：①一般许可证。当出口数量或金额较少、进口国是美国的盟国、出口物资是既没有重要军事战略意义也不涉及敏感技术的普通物资时，出口商不必事先向商务部产业安全局申请出口许可证，只需在出关时填写一个出口报告单，并注明出口物资的一般许可证编号即可。②单项有效许可证。当出口商将特定物资或技术出口到特定国家或地区时，需要向商务部逐项申请单项有效许可证。单项有效许可证中列示了批准出口的商品名称、数量、总价值、最终用户和用途等相关信息，有效期为两年。③多次有效许可证。出口商一旦获得了多次有效许可证，便可以不限出口数量、出口金额、出口次数地向不同的购买方出口货物，而不必每次都申请许可证，而且多次有效许可证的有效期较长，无须定期更新许可证，为出口商的出口贸易活动提供了极大的便利。

美国国务院颁发的出口许可证主要包括四种类型：①DSP-5，长期出口许可证。主要适用于长期出口且未进行分类的国防产品和技术数据。②DSP-61，临时进口许可证。主要适用于需要临时进口随即出口且未进行分类的国防产品和技术数据，这些产品和技术在短暂的进口之后，直接原路返回进口国或者转运到第三国。③DSP-73，临时出口许可证。主要适用于临时出口且未进行分类的国防产品，该许可证生效的前提条件包括以下几点：第一，产品出口时间小于等于 4 年；第二，产品在临时出口之后将重新转运回美国；第三，产品的所有权不发生改变。④DSP-85，分类进出口许可证。主要适用于临时出口的分类产品、长期出口的分类产品、临时进口的分类产品，以及自由贸易协定管理的长期进口的分类产品。

（二）出口管制清单

美国的出口管制清单主要由商业管制清单（The Commerce Control List，CCL）和军品管制清单（United States Military Control List，USML）构成。监管机构据此审核并颁发相应的出口许可证。出口管制清单不包括那些由特定部门或机构专门负责出口和再出口管制的商品项目。此外，出口管制清单不是一成不变的，而是随着国际形势和战略规划等的变化而不断进行调整的。

1. 商业管制清单

美国 2005 年《出口管理条例修正案》第 738 条规定，商业管制清单包括 10 大类。

0 类：各种核原料和核设备；

1类：化学药品、微生物及生化毒素；

2类：材料加工技术；

3类：电子设备；

4类：微型计算机；

5类：通信与信息传导设备；

6类：激光设备与传感器；

7类：智能导航设备；

8类：海洋探测设备；

9类：航空推进飞行器及相关技术。

其中，每一类商品又分别包含五个具体方面：装备及配件，试验、检测及生产设备，原材料，软件，技术。

商业管制清单依据可能对美国造成安全威胁的轻重级别把196个国家划分为五组，并且列出了国家一览表：A组为出口管制力度最为宽松、管制范围最小的友好国家，主要包括澳大利亚、加拿大、法国、德国等国；B组为出口管制力度较为宽松、管制范围较小的国家，主要包括希腊、智利、南非等国；C组暂时尚未列入任何国家；D组为出口制裁措施相对比较严格的国家，主要包括中国、以色列、白俄罗斯等国；E组为管制力度最为严苛的国家，美国对其施行单边贸易禁运政策，主要包括古巴、伊朗等支持恐怖主义的国家。

此外，商业管制清单还列出了美国政府进行出口管制的几个原因：反恐怖袭击、防止生化武器滥用、防止供应短缺、遵守化学武器公约、控制犯罪、确保核不扩散、维护国家安全和地区稳定等。多数出口商品的被管制原因不止一种，而某商品被管制所涉及的原因即该商品可能威胁到的具体方面正是颁发出口许可证的相关部门判断该商品是否需要申请出口许可证以及需要何种类型的出口许可证的参考依据。

2. 军品管制清单

军品管制清单的修订与审查是由美国国务院国防贸易管制委员会负责的，被列入军品管制清单的产品都具有相对重要的军事用途，或具有强大的科技适用性，能显著提高潜在敌国的军事战略能力和科技实力。

《国际武器贸易条例》第121条军品管制清单中的常规武器项目与《瓦森纳协定》中的军品项目一致；核武器相关产品项目与核武器供应国集团条约中的项目相一致；化学产品项目与《禁止化学武器公约》的项目一致；导弹及其技术产品与《导弹及其技术控制制度》附件中列出的项目一致。该清单中没有具体列出受管制军事战略产品的出口管制分类号，只是把受管制的武器装备划分为包括枪炮武器、生化武器、核武器、航空航天技术设备、坦克、战舰、导弹技术设备在内的共 21 类具有明显军事用途的军事物项。

（三）国别分类组

美国为了使其制定的出口管制政策行之有效，采取了对不同的国家实施不同的出口管制政策的战略。美国主要依据“国家安全原则”对苏联、中国等社会主义国家制定出口管制政策，主要限制那些能够增强其他潜在敌对国家或地区的军事能力从而对美国国家安全造成一定程度的威胁的物资和技术的出口。针对其友好的盟国，则主要依据“外交政策原则”和“短缺供应与抑制通货膨胀原则”进行出口管制政策的制定，即为了进一步优化美国的对外政策、履行所宣布的国际义务和承担作为大国应有的国际责任，以及保护美国短缺资源，防止因国内稀缺资源过多地流入外国而使国内市场供不应求，进而导致全社会物价水平持续普遍上涨的通货膨胀现象的产生，而必须对某些物资和技术进行不同程度的出口限制。

第三节　美国出口管制政策的法律演变

一、第一阶段：出口管制的起源（1791~1806 年）

这一阶段开始于美国首任财政部长亚历山大·汉密尔顿 1971 年 12 月 5 日起草的《关于制造业的报告》。

（一）时代背景

1791 年，刚刚摆脱殖民地命运的美国在经济发展、科技实力等各方面还都非常的落后，只是一个小农经济占主导地位的国家，全国 90%以上的人口都在从事农业种植。这时的美国积贫积弱、财政混乱、国库空虚，在经济上还对英国有较高的依赖性。当时针对究竟什么样的道路是最适合美国发展的这一问题，美国国内存在严重的分歧。当时的美国国务卿杰斐逊坚持“农业立国”，财政部长汉密尔顿则主张“工业立国”。汉密尔顿认为，过分依赖国外供应的产品不是一个明智的做法，因为任何战争的爆发或政治冲突的兴起都会中断供应链，因此为了避免对进口产品过分地依赖，美国应该通过贸易保护政策建立起一个国内的加工生产体系。与此同时，汉密尔顿还提出了对于国内稀缺原料、重要战略物资的出口要进行必要的管制和约束的观点，从而形成了美国对进出口管制的早期思想。

1789 年，美国联邦政府成立，亚历山大·汉密尔顿被任命为第一任财政部长。为了让美国摆脱贫困潦倒的混乱局面，使国家发展有一个正确的指导方针，1791 年 12 月 5 日汉密尔顿向国会呈交了一份具有重要意义的政府报告——《关于制造业的报告》（该文件是他在任命期间向政府提交的三个重要的财政经济纲领文件之一，另外两个文件分别是《关于公共信用的报告》和《关于国家银行的报告》）。该报告详细分析和论述了发展制造业的重要性和必然性，应该如何应对和克服发展制造业的困难和挫折，当时美国制造业发展的具体水平和主要状况，以及推动制造业进步和发展应该采取的种种措施等。在该报告中，汉密尔顿有着这样一个美好的憧憬：美国南方的原材料可以通过北方的船只运送到北方的加工厂进行加工制造，而南方可以共享北方生产的工业品；南北方依靠各自的天然优势和生产习惯形成一个优势互补的良性循环，继而不必再依靠横跨大西洋的贸易往来；通过制造业的发展，南北两方在经济方面紧密结合起来，从而消除地区发展不平衡的问题，进而达到南北方政治方面的联盟。该报告明确指出，制造业是美国国家独立和经济发展的根本所在，一个国家的富足、独立与安全都是与制造业的发展密不可分的，政府应当积极采取各种有效措施来大力扶植和发展制造业。

（二）主要管制措施

在《关于制造业的报告》中，汉密尔顿明确指出美国制造业发展的三个原则：第一，对美国工业进行奖励或补贴来保护本国新兴制造业企业；第二，用关税壁垒等贸易管制手段来保护本国新兴制造业企业；第三，鼓励引进人才和技术，奖励那些“从别处给我们带来‘改善和非凡价值的秘密’的人”。补贴、关税和拿来主义，一个新兴国家的勃勃野心，全部都写在了这份《关于制造业的报告》中。其中，进出口方面的管制措施主要有以下两点：

1. 禁止制造业原材料的出口

为了使美国国内的制造业获得丰富而又廉价的原材料供给，该报告指出对于美国独有的或珍稀的制造业原材料，应该禁止其对外出口。从某种程度上说，禁止原材料的出口直接把国外市场对原材料的需求量减少为零，继而减少市场对原材料的总需求量，最终会使该产业以及分支产业的产品价格下跌，影响这些产业的利益。即便如此，为了使对国家发展至关重要的制造业迸发出勃勃生机，继而促进国家经济的发展，它仍是改革路上所必须经历的一步。因为本国制造业发展所带来的经济持续高速稳定增长，会使那些利益曾经受损的产业和部门从繁荣的市场中获取利益，从而弥补之前的亏损。这种出口管制措施在实施的第一阶段也许会使一些企业和部门的利益受损，但从长远角度来看，它是符合国家经济发展的根本利益的。因此，禁止制造业原材料出口的政策应该被适当合理、有节制地使用。

2. 制造业原材料进口免税

在制造业创立之初实行原材料进口免税的政策是必要而又普遍的。原因有以下三点：第一，任何一个行业在创立之初，它的经济基础都是非常薄弱的，政府实行原材料进口免税的政策，可以在一定程度上缓解其财政负担，为新制造业的创立铺设一块平坦的基石；第二，当制造业发展日趋成熟，具备成为国家课税对象的条件时，制造业产品往往比制造业原材料更适合课税，因为制造业产品比原材料更容易调整和确定合适的征税数量以使其与自身价值成比例；第三，实行原材料进口免税的政策也是遵守国际征税惯例的表现之一，世界上许多与美国有贸易往来的国家都实行这种政策。

（三）主要影响

由于遭到美国南方公民的强烈反对和国会议员的冷漠对待，《关于制造业的报告》成为汉密尔顿在任期间提出的唯一一个未被通过的报告。虽然这份报告最终没有被通过，但他为美国未来经济发展所描绘的蓝图在几十年后发挥了不可替代的巨大作用，该报告提出的一系列针对制造业发展的措施后来也都被美国政府采纳。19 世纪 30 年代后，随着工业革命的兴起人们又重新积极热切地研究该文件，以期从中寻求解决问题的方法和指导方针。基于该报告美国走上了工业化之路，经济飞速发展，综合实力全面提高。因此，《关于制造业的报告》被称为“所有贸易保护主义的教科书”“美国工业化的宪章”和“美国经济发展的预言书”。该篇经典报告首次提出了“幼稚产业保护理论”的概念，汉密尔顿认为政府应当在制造业方面采取多种优惠和补贴政策以吸引人投资制造业，从而保护幼稚产业的发展。亨利·凯利的“美国体系”多次吸收引用了该报告的主要观点和理论，为美国主流经济学思想奠定了坚实的基础，其成为研究美国工业化历程不可或缺的重要文献。同时，该报告也是美国近年来出台的产业政策的重要奠基石，如《重振美国制造业框架》（2009）、《先进制造业国家战略计划》（2012）、《国家制造业创新网络（NNMI）项目战略计划》（2016）等。该报告中的思想后来经过德国经济学家李斯特的吸收与传播，对德国、韩国、日本等国家的工业化进程产生了深刻而广泛的影响，同时对发展中国家相关经济政策的制定至今仍具有极大的借鉴意义和深远的影响，因此该文献被认为是发展经济学的经典文献。

二、第二阶段：全面禁运阶段（1807~1939 年）

第二阶段美国的出口管制主要依据 1807 年 12 月 22 日正式生效的第一部《禁运法案》和美国国会于 1917 年 10 月通过的《1917 年与敌对国家贸易法案》。

（一）《禁运法案》

1. 时代背景

1793~1815 年，英法两国再次爆发大规模争霸战争，在英国海军占有极大优势的形势下，英国采取海上封锁政策，希望借此阻止法国与中立国的贸易，封锁法国，使其陷入贫困，并同时打击中立国对海上贸易的争夺。紧接着法国实施了一系列的反封锁策略。英法的封锁与反封锁斗争对美国繁荣的海上贸易起到了破坏性的作用；英国在战争期间恢复了“强征”这一战时补充海军水手的政策，由于英美两国语言、肤色相近，有大量美国公民被英国海军强征，严重违反了美国公民的民族观念。1807 年 6 月 22 日，美国“切萨皮克”号军舰因拒绝英方搜查遭到炮击，致 3 死 18 伤，并有 4 名幸存水手被带走，此次事件激起了美国公民的愤怒，但在美当局与英国进行了几个月的谈判争执后，民众的战争情绪逐渐淡化，美当局最终放弃了与英国直接宣战，并于 1807 年 12 月 22 日正式生效第一部《禁运法案》。

2. 主要管制措施

在杰斐逊政府的敦促下，美国联邦国会于 1807 年 12 月 22 日至 1809 年 1 月 9 日先后制定并出台了 5 部禁运法令。

1807 年 12 月 22 日生效的第一部《禁运法案》明确规定禁止本国货运或者客运船只前往任何国家从事与对外贸易有关的活动，适用范围包括美国领土和管辖内的港口和地区的所有船只和轮船。作为美国出口禁运的开端之作，该法令对于美国的沿海贸易活动尚未加以限制，船只在向国家缴纳规定的保证金后仍可继续进行相关沿海贸易活动。同时，该法令也并未禁止沿海地区捕鱼业的相关活动。

1808 年 1 月 9 日生效的第二部《禁运法案》在第一部禁运法令的基础上增加了两条新的规定。第一条规定针对从事沿海贸易的船只。在新的规定下，沿海船只若要继续从事沿海贸易，必须向国家缴纳更加高昂的保证金，同时船只必须在美国卸货。第二条规定针对捕鱼业、捕鲸业的渔船。新规定要求沿海渔船、捕鲸船只必须在缴纳船上货物和船只价值总和四倍保障金的前提下，才能进行相关的捕捞活动，且在捕捞完毕后必须将货物运回美国，任何船只既不得驶入外国港口，也不能用于对外贸易活动。

1808 年 3 月 12 日生效的第三部《禁运法案》针对第一部禁运法令中的“禁止本国货运或者客运船只前往任何国家从事与对外贸易有关的活动”这一规定进行了修正，把“禁止本国船只”修正为“禁止本国或外国所有船只”，即美国领土范围内的外国船只，也要受到贸易禁运的制裁。该法案规定：任何美国或者外国的大小船只，都不能以任何方式把任何商品、货物从美国港口出口到外国。对于违反法令的个人和船只，不仅要没收运送的商品和货物，还要缴纳不超过 10000 美金的罚款。

1808 年 4 月 25 日生效的第四部《禁运法案》对出口管制政策中的许多细节条款做出了更加细致且严苛专断的规定：第一，在某些特定的州之内进行的贸易活动也须缴纳保证金；第二，要求从事国内贸易的船只必须在专业缉私员监督的情况下才可以装载或卸载货物；第三，为了防止不法人员利用密西西比河特殊的便利条件走私，禁运法令首次针对某个特定的地区制定相应的出口限制政策，法令要求任何在密西西比边界南段的密西西比河流域特定地点停留的船只，都必须在规定时间内递交货物着陆证明，否则要处以高昂的罚金；第四，新法令在一定程度上扩大了许多海关税收员的权力，对于任何一艘装满货物运往美国任一港口的船只，不论其实际上是否违反了《禁运法案》，只要是被海关税收员认定有违反《禁运法案》的企图，海关税收员就有权力在没有任何证据的情况下扣留这些船只。

1809 年 1 月 9 日生效的第五部《禁运法案》，即《强制法案》授予美国政府及执法人员许多专断的权力，对有关出口的管制措施做出了一系列细致而严密的规定，是五部禁运法令中管制最为严苛的一部。该法案中有几项新的规定：第一，任何船只只有在缴纳船只和货物总价值六倍保证金的前提下才可以继续出航，这一规定显然和美国宪法中的“禁止商业活动中要求过高的保证

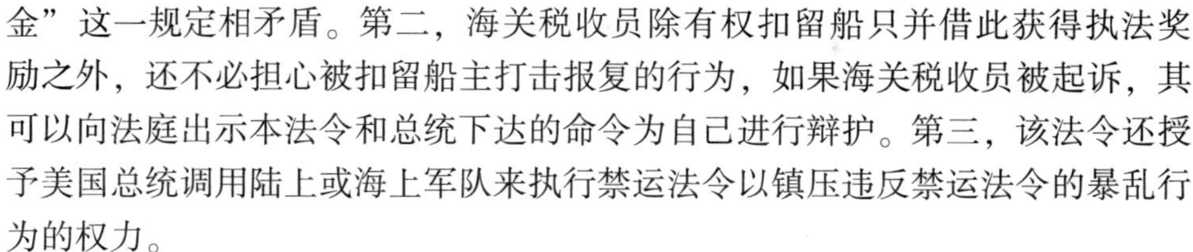

金”这一规定相矛盾。第二，海关税收员除有权扣留船只并借此获得执法奖励之外，还不必担心被扣留船主打击报复的行为，如果海关税收员被起诉，其可以向法庭出示本法令和总统下达的命令为自己进行辩护。第三，该法令还授予美国总统调用陆上或海上军队来执行禁运法令以镇压违反禁运法令的暴乱行为的权力。

3. 主要影响

《禁运法案》从第一部到第五部对国内外船只的出口贸易限制越来越严厉，对于违反法令者的处罚力度也越来越重。一方面，《禁运法案》不仅完全禁止出口贸易，甚至对国内贸易活动也进行了一定程度的限制与制裁。另一方面，《禁运法案》给予海关税收员和美国总统空前专断的权力，海关税收员可以在保障自己人身安全和财产安全的情况下，没有任何证据地凭借主观意念自由执法，总统可以调用民兵甚至正规军队来辅助执法。这些政策都与美国民主自由的口号相悖，遭到许多美国出口商与联邦党人的强烈反对。

《禁运法案》作为英美关系最为紧张时期采取的极端手段，只能在短时间内避免一些直接的军事冲突，而国际形势与国际关系是随着时间不断变化发展的，促进本国与不同国家间的经济贸易往来才是新兴国家积蓄实力的主旋律。在实施《禁运法案》后，美国很快就尝到了禁运政策带来的苦果：

（1）禁运政策导致大量农产品积压，无法正常销售，导致本土农产品、土地、奴隶的价值降低，一些依靠进口的产品的价格大幅升高，大量农业投资者被迫贱卖产品、土地，甚至破产。许多出口农产品的从业者无法获取收益，进而无法偿清欠款，遭受牢狱之灾，使美国陷入债务危机之中。

（2）禁运政策导致美国商业全面崩盘，1808 年出口商品总值仅为 1807 年的 20.7%，转口贸易基本损失殆尽，美国商品在国际市场中的占有量基本为零，且禁令取消后多年也未曾完全恢复。

（3）虽然禁运政策给美国部分制造业带来了发展的机会，多地的轻工业飞速发展，家庭制造业一度繁荣，某些地域的工业发展甚至弥补了其商业上的损失，但可惜的是船只制造业同样受到了极大的影响，导致大量相关从业者失业。

（二）《1917 年与敌对国家贸易法案》

1. 时代背景

第一次世界大战爆发后，除了极少数北欧国家保持中立外，大多数的欧洲国家都卷入了战争。残酷的战争使这些国家遭受了巨大的损失，除了肉眼可见的损毁的物品和牺牲的战士，更多的是难以估量的国际贸易往来方面的损失。比如，英国、法国、德国等原本是依靠海外贸易的海外扩张强国，但在战争爆发之后根本没有时间和精力顾及这些，美国顺利成为这些国家的"接盘侠"。美国在"一战"爆发之初先是宣布了自己的中立态度，而后开始同拉美、远东国家积极开展贸易往来，获取了大量的经济利益。

趁着"一战"期间欧洲各国来不及反应，美国牢牢地把一些重要的资源把握在自己手中，积蓄实力。那些参战国在战争中损失惨重，生产能力急速下降，尤其到了战争后期，各国对军事装备和日常生活用品等的需求高涨，拥有大量资源和财富的美国就成为他们进口所需产品的重要对象，对某个国家出口与否的主动权掌握在美国的手中。但此时美国尚且没有比较完善的针对不同国家的出口管制体系，于是在建立本国出口管制体系不断高涨的呼声中，美国国会于 1917 年 10 月通过了《1917 年与敌对国家贸易法案》。

2. 主要管制措施

《1917 年与敌对国家贸易法案》是美国针对被规定为敌国的国家全面适用的法律。该法律规定美国总统在国家处于战争期间或其他紧急状态时有权调整与敌对国家之间的贸易关系，授予美国总统对敌对国家实施经济封锁和贸易禁运的权力，并且授予总统广泛的战时管理所有形式的国际商务和冻结扣押外国资产的权力，禁止与敌对国家进行财政金融和商业贸易。美国财政部外国资产管制办公室根据《1917 年与敌对国家贸易法案》与《国际紧急经济授权法》对敌对国家实施战略禁运的出口管制。

3. 主要影响

美国通过《1917 年与敌对国家贸易法案》将其与敌对国家的政治问题和国际贸易往来问题联系起来，对战略敌对国家与战略同盟国家采取不同的贸易出口管制政策，为国际贸易问题政治化建立了合法的依据，也为此后美国大行单边贸易制裁政策埋下了伏笔。

此后，该法案与其他一些相关法律几经修改，总统的权力得到了进一步增强。如今，只要美国总统认为符合美国的国家利益，就有权宣布对其他国家实行经济封锁和贸易禁运。

三、第三阶段：严厉的出口管制时期（1940~1968 年）

第三阶段美国的出口管制主要依据 1940 年 7 月 2 日美国国会正式通过的

《第 703 号公法》和 1949 年 2 月 20 日生效的《1949 年出口管制法》。

（一）《第 703 号公法》

1. 时代背景

20 世纪 40 年代以前，美国尚未确立在和平时期针对潜在敌对国家的军事、科技等重要战略物资的出口管制法律制度。20 世纪 30 年代后期，法西斯主义和军国主义对美国的威胁日益严峻，尽管美国有对这些国家进行重要战略物资出口管制的想法，但却没有相应的限制出口的法律依据。在第二次世界大战开始之前，美国企业可以自由地向德国、意大利、日本等国家出口军事物资、高技术产品，几乎不受任何的管制和约束。

第二次世界大战全面爆发特别是欧洲战场开辟以后，美国开始不断调整出口管制体制，美国国会开始授予总统管制向其他国家出口重要军事战略物资和高技术产品的权力。

2. 主要管制措施

1940 年 7 月 2 日，美国国会正式通过了《第 703 号公法》，授权美国总统管制战时重要军事物资和技术的出口，并赋予总统削减或禁止军事设备、军品、零部件或机器、工具、材料及一切制造业所需产品、技术和服务等全部商业性出口的权力。

3. 主要影响

1940 年《第 703 号公法》最初通过时，国会授权的有效期只有两年。后来由于美国参加第二次世界大战，美国国会于 1945 年、1946 年、1947 年先后三次对该法案进行了修改调整并延长了对总统授权的有效期限。

该法案的出台和修正为美苏冷战期间的战略禁运政策以及出口管制清单（United States Security List）的制定埋下了伏笔。冷战初期，美国实施战略禁运，禁止向社会主义国家出口任何有可能提高其军事实力或经济实力的产品。为此，政府出台了出口管制清单，管制物资被分成两大类。第一类实行全面禁运，称为“1A”物资，主要包括用于制造军事武器装备的原材料、相关生产设备和高技术产品共计 167 种。第二类限制出口数量，称为“1B”物资，主要包括铅、铜、锌等工业原料和火车、钢轨等基础设施共计 288 种。该法案还赋予了总统对军事战略物资和高技术产品出口管制的权力，为《1949 年出口管制法》的出台奠定了坚实的基础。

（二）《1949 年出口管制法》

1. 时代背景

第二次世界大战结束以后，不论是战胜国还是战败国都面临着国内物资匮乏、工业凋敝、失业严重等严峻问题，许多资本主义国家都处于风雨飘摇之中，而此时的美国以遥遥领先他国的科技、经济、军事、金融实力成为世界唯一超级大国。美国的国际地位有了前所未有的提高与飞跃，成为西方世界的主导国。战后初期，全球资本总额的 3/4 和工业生产总额的 2/3 都归美国所有，其黄金储备量占资本主义世界储备量的 59%，出口比例占资本主义世界的 1/3。“二战”主要交战国战后经济恢复与重建所需的资金、技术、物资等主要是由美国提供的。与此同时，美国国内经济面临着由战时经济向和平时期经济的过渡转型。向战后各个交战国提供经济重建所需的战略物资在一定程度上有可能会“榨干”美国自身经济发展所需的物资，或导致这些物资因供不应求而价格上升。

为了维护世界霸主的地位，美国一直防范任何可能追赶上来的国家。规模空前的“二战”彻底打破了世界原有的国际格局。正在走向衰退的英法和被彻底打败的德意日已经对美国无法构成任何威胁，反而是经受战争的洗礼而迅速崛起的苏联成为美国的眼中钉、肉中刺。美国吸取了之前与日本贸易的深刻教训——战前与日本进行贸易往来时美国几乎没有任何出口限制，将大量先进的军事武器和科学技术出口到日本，使日本的军事力量、经济实力得到迅速提高，而后来，日本反而用这些进口自美国的先进武器和技术来对付美国。美国不加限制的出口无疑增强了潜在敌人的军事实力，因此，为了避免类似的后果在美苏之间再次发生，美国开始全面审查和控制军事和经济方面有重大战略意义的物资向苏联等社会主义国家的出口。于是，在第二次世界大战结束后，全球正式进入了美苏两极争霸的冷战时代。

2. 主要管制措施

在美苏争霸的冷战背景下，美国国会于 1949 年 2 月 20 日制定了美国历史上第一部限制和平时期出口贸易的法律——《1949 年出口管制法》（*Export Control Act of* 1949）。该法案将美国在“二战”期间确立的战时总统授权机制常态化，将《第 703 号公法》中的相关出口管制措施进一步细化、程序化、法制化。该法案明确指出美国实行出口管制的三个主要目的：第一，短缺供应，即防止因外部需求高涨，本国资源过度流失而导致通货膨胀；第二，外交政策，即增强美国的外交势力，形成主导的外交政策，履行美国的国际职责；第三，国家安全，即为保障国家安全，对出口物资进行必要的管制与监督。美国政府应该尽可能地与那些与美国缔结防务条约的国家合作，进一步改进出口管制制度与措施，并制定一项所有社会主义国家都遵守的统一的贸易政策。

该法案规定：美国总统有权出于对对外政策、国家安全、经济发展的考虑，以及为缓解国内短缺物资供给抑制通货膨胀而禁运或者限制部分商品的出口。该法案明确指出，防止西方对社会主义国家出口用于军事的产品与技术，根据不同国家与美国的关系和实力等因素，按从严到宽的管制程度将世界上除加拿大之外的国家分为Z、S、Y、W、Q、T、V和I八个组别。中国最初被列入出口管制较为严格的Y组（Y组代表允许非战略物资的出口，但出于国家安全需要，对于任何涉及军事用途、有助于提高进口国军事能力，甚至对美国国家安全造成潜在威胁的技术和物品严格禁止出口的国家）。显然，在美苏冷战的大背景下，该法案出台的主要目的是加大对武器装备和军事技术的出口管制力度，控制具有军事用途的先进武器装备出口到以苏联为首的社会主义国家，从而达到在最大程度上遏制社会主义阵营军事力量的目的。在这一时期，为了保障国家安全、增强外交势力和全面加强出口管制，美国初步构建了以国防部、内政部和商务部等主要政府部门共同参与的综合性出口管制体系以及出口许可证制度，这都是美国现今出口管制制度的最初来源和依据。

3. 主要影响

《1949年出口管制法》是美国针对出口管制制定的第一部法律，该法明确规定了哪些政府部门管理出口许可证的审核及其必须遵守的出口法律程序，系统地建立起以许可证为核心的出口管制法律制度。该法的出台标志着现代意义上的第一部全面系统的出口管制法律制度的正式确立。该法对美国以后几十年出口管制法律的制定都具有极其重要的指导意义，是美国现今出口法律体制改革的主要依据与参考法典。

《1949年出口管制法》正式出台后不久，为了保证其出口管制措施的有效性，防止重要军事、经济战略物资出口到东方社会主义国家，美国就召开会议同英国、法国等非社会主义国家集体协商对以苏联为首的社会主义国家的出口管制等问题。1949年11月，在美国的主导下，美国、英国、法国、荷兰、意大利和比利时六国达成协议，成立了一个对社会主义国家实行禁运和贸易限制的国际组织——巴黎统筹委员会，简称“巴统”。与会各国组成的委员会每3个月就社会主义国家的出口管制问题开一次会。

“巴统”的主要任务有以下三点：第一，协商和确定禁止或限制向社会主义国家出口的战略物资、高技术产品的标准和详细清单；第二，审议向社会主义国家出口免除禁运的申请；第三，协调监督该组织禁运政策的执行和实施。“巴统”成员国如果要向社会主义国家出口产品，必须要先通过本国的审查，如果该产品不在本国自行可以决定的管制清单内，则应送巴黎统筹委员会做“例外处理审批”。

虽然说“巴统”是一个非正式的国际组织，但它对当时的国际形势有着深远而重大的作用和影响。“巴统”建立之前，是美国单独对苏联等社会主义国家进行出口管制，而其建立之后就演变成整个西方国家对东方社会主义国家的联合管制。与之前的单边出口管制相比，多边管制在范围和力度上都在一定程度上扩大加强了，达到了委员会建立之前所无法企及的效果。“巴统”的建立，使西方多国在政治和经济方面紧密地联系在了一起。美国通过巴黎统筹委员会内的协商机制，把其对苏联出口管制的产品清单传达给委员会内的各西方盟国，从而使整个西方国家对苏联进行联合的出口管制，这些国家就成为美苏冷战时期美国执行对苏联出口管制的工具。因此，美国利用自己世界霸主的地位，在遏制苏联的战略中又前进了一步。

四、第四阶段：逐步放松出口管制阶段（1969~1978 年）

这一阶段美国的贸易管制政策主要依据 1969 年 12 月 23 日生效的《1969 年出口管理法》和美国国会于 1976 年正式颁布的《武器出口管制法》。

（一）《1969 年出口管理法》

1. 时代背景

20 世纪 60 年代中后期，苏联的经济、军事、科技实力等综合国力快速提高，逐渐追赶上美国的步伐，与美国的差距越来越小，美苏两极争霸的世界格局正在逐渐发生着变化。美国发现对苏联等社会主义国家实施广泛的贸易禁运政策并没有明显地阻碍其经济增长、外交能力和综合国力的提升。美国政府开始逐渐意识到之前一直施行的严格的出口管制政策实际上是一把双刃剑，在对社会主义国家造成一定制约和威胁的同时，也给美国自身带来了极大的副作用。第一，美国的经济利益遭受了极大的损失，严格的出口管制造成美国国际收支不平衡，贸易逆差十分严重。第二，出口政策损害了众多美国出口商的经济利益并且严重影响了他们的生产积极性。第三，美国的盟国对严格禁运带来的经济后果的不满与日俱增，美国与其盟国之间的贸易关系遭受了一定程度的破坏。因此，美国对苏联的政治态度逐渐从主动进攻转为被动防守，资本主义国家与社会主义国家在经济方面的对抗也在一定程度上有所缓和。

20 世纪 60 年代末期，随着东西方关系的缓和，越来越多的美国生产商抱怨出口管制使他们遭受了经济损失，开始向美国政府不断施压，同时有识之士对放松出口管制的呼声也持续高涨。在此背景下，美国国会于 1969 年正式通过了《1969 年出口管理法》（*Export Administration Act of* 1969）以取代延续了 20 年之久的《1949 年出口管制法》（*Export Control Act of* 1949）。从法律名称上的变化——“管制”（Control）改为“管理”（Administration）不难看出，在对外国出口管制的问题上，1969 年的新法案比 1949 年的旧法案更加宽松。

2. 主要管制措施

与沿用了 20 年之久的《1949 年出口管制法》相比，《1969 年出口管理法》在具体内容上有如下重要变化：

第一，从“管制”到“管理”的变化。新法案规定贸易对象不再有“共产党国家”和“非共产党国家”的划分，而是鼓励与美国有外交关系或者贸易关系的国家进行贸易。由此可以看出，新法案与旧法案相比不仅是称谓上的简单变化，而且表明了美国政府在出口管制问题上政策的调整和立场的转变，相对积极地鼓励与以苏联为首的共产党国家的贸易往来。

第二，从“全面严禁出口”到“仅针对能显著提高敌国军事实力或者不利于本国国家安全的军事物资实行出口限制”。新法案不再把出口管制作为防御共产党国家的手段，只针对能显著提高敌对国家军事实力的且有直接军事用途的产品和技术实行出口管制，而不像以前禁止一切具有军事用途的物资的出口，极大程度上减轻了出口管制的力度。新法案提倡在不危害美国国家安全的基本前提下，在新政策允许的范围内，扩大美国的出口，鼓励开展与以苏联为首的共产主义国家和东欧国家的贸易往来。

第三，法案要求商业部进行出口管制机构改革，重新修订管制清单。新法案要求商务部长重新审查出口管制清单，并指导修订清单，要求商务部在 6 个月内就清单修订情况向国会提交报告。新法案对商务部在出口管理问题上的工作安排一方面可以使美国出口管制更加法制化、规范化；另一方面也能在一定程度上减少政府各部门之间的分歧。不过，与《1949 年出口管制法》一样，决定权依然掌握在总统手中，新的政策持续到什么时候依然由总统最终决定。

第四，出口管制清单的变化。新法案确立之前，美国对社会主义国家的出口管制范围要比“巴统”规定的范围更大，管制要求更加严苛。新法案要求对管制清单里的物品和相关技术重新进行审查，对其中的部分商品和技术解除出口管制。当时，美国大约有 1800 种商品需要许可证才可以出口到苏联及东欧国家，其中 600 种是在巴黎统筹委员会共同多边管制的出口清单内，余下的 1200 种则由美国单方面进行管制。新法案要求将清单中美国单边管制的 1200 种物品减少到约 200 种，使美国的单边管制清单与巴黎统筹委员会的多边管制清单日趋一致，从而使美国的东西方政策更加宽松、更加灵活。

虽然新法案对旧法案进行了几处重要的修改和调整，但并没有从本质上推翻《1949 年出口管制法》，依然延续旧法案奠定的基调。新法案依然对私自向社会主义国家出口新清单上的禁运物资者，实行相应的处罚。由此可以看出，《1969 年出口管理法》存在一种内在矛盾：为了增强美国的综合实力和国际竞争力，需要鼓励与其他国家间的贸易往来，但考虑到战略意义，美国又不得不对出口贸易施加一定程度的管制措施。由于存在这种内在矛盾，所以美国在《1969 年出口管理法》中实行的鼓励对外贸易的缓和政策其实是有限度的。这说明，虽然美国对苏联及东欧国家的出口管制政策宽松了，但在总体基调上还是要继续减缓和遏制共产党国家的战略发展，同时通过对共产党国家的出口管制，进一步巩固与其盟国的战略合作关系。由此看来，新法案的确立一方面是为了减少严格的出口管制政策对美国自身造成的不利影响，另一方面是希望通过加速自身的发展和减少与盟国的摩擦来进一步增强遏制共产党国家的成效。

3. 主要影响

《1969 年出口管理法》颁布之后，美国又分别在 1972 年、1974 年和 1977 年进行了不同程度的修正。1972 年，美国国会首次通过了《1969 年出口管理法》的修正案，提出两项新的规定：第一，要求商务部长向国会提交报告，列出与美国缔结防务条约的各国现在没有实行管制措施而美国却在进行单边管制的项目清单，并解释原因；第二，设立技术咨询委员会，负责向政府提出有关出口管制技术的提高、出口管制的批准、巴统管制问题的改正的建议。1974 年，法案再次被修正：提高国防部在出口管制中的地位，国防部对于它认定的某项能显著增强潜在敌国的军事实力的物资或技术，有权禁止其出口。1977 年该法案被第三次修正：国防部被授予制定军事技术清单的权力。

新法案的颁布虽然取代了存在了 20 年之久的《1949 年出口管制法》，并根据时代形势的发展对旧法案的具体内容和指导思想做出了一定的修改与调整，反映了美国对苏联的冷战战略在一定程度上的改变，但新法案的具体条款始终透露着一种内在的矛盾：一方面，从增强美国的国际竞争力的角度出发，为了适应国际形势的发展，增强美国的国际综合实力与竞争力，美国需要积极鼓励对外贸易，尤其是要增强与以苏联为首的社会主义国家的进出口贸易的往来；另一方面，从维护美国的战略利益和保障国家安全的角度出发，不能放任出口贸易自由展开，必须对其施加一定的管理和约束。最根本的是，新法案没能突破《1949 年出口管制法》针对社会主义国家定下的具有冷战基调的三个目标：国家安全、外交政策和短缺供应。其中，对国家安全的考虑是三个目标中最重要的一个。美国出口管制政策中与其安全目标相关的对外经济政策，已经不再单纯地具有经济意义，而是完全上升为一种战略手段。因此，《1969 年出口管理法》虽然在一定程度上放松了对社会主义国家出口贸易的管制，但其根本目标与旧法案并无太大差异。

（二）《武器出口管制法》

1. 时代背景

为了保持社会政治经济进步所必需的和平与安全的国际大环境，美国决定以国际协约的形式加强与同盟国及友好国家的共同防御与合作，并贯彻落实美国的国家安全战略目标和外交政策，于是美国国会于 1976 年正式颁布了一部专门针对武器装备与技术出口管制的法律——《武器出口管制法》。

2. 主要管制措施

1976 年的《武器出口管制法》授予了美国联邦政府对国内重要军事战略物资、军用技术、服务出口和再出口管制的权力，并授权美国总统对防御性武器、技术和服务的进出口贸易活动进行管制和约束。当总统认为某项出口贸易活动违反该法律时，可以向国会提交报告。此外，《武器出口管制法》还规定了美国军事物资、技术、服务转让的总原则：增进世界和平、促进美国国家安全与外交政策目标的达成。

该法案要求那些从美国获得军事武器装备与技术的国家只能将其进口的武器与技术用于自身的合法防卫，而绝不能用于如攻打其他国家等非法用途。其主要的衡量标准为“军事武器和技术的出口是否有产生国家间武力竞争、帮助建立大规模杀伤性武器、支持国际恐怖主义、增加世界大战爆发、打破核不扩散条约”的可能，以及是否能够造成国家间武器装备方面的实力差距悬殊。该法同时对美国的军火供应商和制造商进一步加强了控制。对于潜在敌对国家，严格禁止军火供应商、制造商向其转让敏感技术与物资。对于值得信赖的同盟国家，也必须在提交足够的申请并获得审批后才可向其出口相关技术与物资。

该法律的执行机构是美国的国务院和国防部，以国务院为主，主要将《国际武器贸易条例》作为其具体的实施细则。《国际武器贸易条例》是美国一套专门管制防御性商品、技术与服务进出口的条例。该条例被列入联邦法典第22条第120~130部分，由国务院进行修订，主要用于对从事军火物资或技术出口的政府工作人员以及军火制造商和出口商的贸易行为的管制和规范。其主要内容包括：美国军需用品的管制清单、制造商和出口商登记制度、国防物品的出口许可证制度、技术数据的出口许可证制度、国外政府采购和其他国防服务等。该条例建立了军需用品出口登记制度和许可证制度，即所有生产或出口军需用品管制清单中的任何物资或技术的个人和集体，如果想要获得出口许可证，都必须事先到国防贸易管制委员会登记注册。根据《国际武器贸易条例》规定，在美国只有获得国防部批准的个体或集团才有资格获取与军事敏感技术、防御性物资相关的信息，没有被国防部批准的其他个体或集团，则无权获得这些信息。

与《国际武器贸易条例》相配套的还有一份“美国军火清单”，用于维护美国国家安全和促进外交，与《国际武器贸易条例》共同作为《武器出口管制法》的补充。根据《国际武器贸易条例》规定，“美国军火清单”所包含的任何物资、技术或服务，除非得到国务院的特别批准，否则只能在美国内部使用，如有违反规定者，将受到非常严厉的惩罚。

3. 主要影响

由于美国出口管制的历史十分悠久，因此其出口管制的法律体系相当复杂。按照出口管制对象的不同，美国现行的出口管制法律体系可分为两大部分：一是军民两用品的出口管理法律体系，由《1979年出口管理法》及其实施细则《出口管理条例》构成；二是军用品出口管理法律体系，由1976年发布的《武器出口管制法》及其实施条例《国际武器贸易条例》构成。

作为美国军用品出口管理法律体系的基石，《武器出口管制法》及其实施条例《国际武器贸易条例》的出台，进一步规范了军火生产商和出口商的贸易行为。对防御性军事武器和技术的出口管制，能够有效防止核扩散，避免国家间的武力竞争，降低国际军事冲突、恐怖袭击甚至世界大战发生的概率。该法案的出台与实施不仅有利于美国的国家安全和外交政策的发展，更重要的是，其为实现世界的和平与稳定做出了巨大的贡献。

五、第五阶段：重点限制高新技术出口阶段（1979~2001 年）

第五阶段美国的出口管制主要依据 1979 年 10 月 1 日生效的《1979 年出口管理法》和 1988 年的《综合贸易与竞争力法》与《出口管理条例》。

（一）《1979 年出口管理法》

1. 时代背景

尽管《1969 年出口管理法》出台之后，美国国会又在 1972~1979 年对该法案进行了修改与更新，以进一步调整和放松出口管制政策，但美国工商界、学术界以及许多盟国对美国的出口贸易管制政策仍然十分不满，来自各界指责的声音也不绝于耳。工商界认为，新政取消了企业的合同制度，使许多原本负责任的商品技术供应商的良好声誉遭到了破坏。批评家们认为，当时出口管制政策的成本过高，不利于美国自身经济及外交政策的发展，《1969 年出口管理法》中有关出口管制放松的政策只有象征意义和信号意义，并没有对出口贸易产生实质性的影响，而且美国及其盟国关于出口管制的外交政策不一致的情况时有发生，当两者共同目标出现分歧时经常会产生一些争论，影响彼此间的国际关系。基于此，美国国会于 1979 年 10 月 1 日重新审定并正式颁布了新版的出口管理法——《1979 年出口管理法》（*Export Administration Act of* 1979）。

2. 主要管制措施

《1979 年出口管理法》授权美国总统基于国家安全、外交政策、不扩散和保证稀缺物资供应的目的对军民“两用”物项进行出口管制，由美国的商务部作为执行机构。美国出口管制的内容大概可以分为两类：用于军事和防务目的的产品和技术、军民“两用”产品和技术。其中，军用产品和技术出口管制的法律基础是《武器出口管制法》（AECA），而军民“两用”产品和技术出口管制的法律基础则是《1979 年出口管理法》。新法案进一步简化了出口许可证申领、审核、颁发的程序，缩小了出口物资受许可证管制的范围，改进了出口审核方式，提高了出口许可证的审批效率，并在一定程度上对出于外交目的实行的出口管制政策加以规范。最重要的是，新法案对具有重要军事用途并有可能对美国国家安全造成威胁的重要技术加强了出口管制。该法律的主要内容有以下几方面：

第一，关于制定该法律的目的和指导思想。美国应该把促进本国经济发展作为首要目标，而推进出口贸易恰恰有利于促进国内生产和实现充分就业，改善国际收支不平衡的状态，增强美元的国际地位以及减轻通货膨胀程度，从而促进美国自身经济的发展和世界经济的稳定。但出口管制则会在一定程度上增加美国的失业率、通货膨胀率，并使国际收支贸易逆差日益严重。如果美国执行的出口管制政策过于严苛，那么出口管制对其的不利影响将会更加显著。如果世界各国都实行严苛的出口管制政策，那么将会严重阻碍世界自由贸易，造成各国经济政治动荡不安，延缓各国以及整个世界的进步与发展。因此，美国应该进一步与美国有外交关系或贸易关系的国家进行贸易往来。美国的出口管制政策应该建立在充分考虑其对美国国内经济发展的影响之上，并且尽可能与其他国家特别是与美国缔结防务条约的各国的出口管制政策协调一致，实行同样的出口管制政策。

第二，关于出口管制重心的转变。《1979 年出口管理法》的出台标志着美国出口管制的重心从战略军事物资转移到先进技术资源。《1979 年出口管理法》，将重要高新技术以及与该种技术密切相关的物资视为“特殊重点物资”。国防部长专门负责制定并报告“军事方面重要技术清单”（MCTL），即输出管制对象国目前尚未拥有，且一旦拥有将会大大提升其军事综合实力的制造、维修应用技术和实验设备等清单。在“提高出口管理程序的高效性，最大程度上减少针对外贸商业活动的干预”的前提下，美国对高新技术及产品的出口管理的原则包括三个主要方面：一是限制那些会大大增强潜在敌对国家的综合军事实力，从而对美国整体利益产生不利影响甚至威胁国家安全的战略物资和技术资料的出口，防止这些重要技术和资源流向与美国敌对的国家；二是限制那些为了推进美国对外政策或履行其公开承诺的国际义务而必须限制的技术和产品的出口，主要是为了打击国际犯罪和恐怖袭击，控制核武器、生化导弹等技术的扩散，保护人权以及保持地区稳定等；三是限制那些稀缺技术和物资的出口，以避免由于国际需求过剩而使美国国内产生供不应求和通货膨胀现象。这三个方面的控制范围也反映了美国出口管制的主要目标，即维护国家安全、促进对外政策发展和控制商品短缺。该法还规定，所有为维护国家安全而限制出口的技术和产品，无论是从美国直接出口，还是从第三国转口，都将受到极其严格的限制，并严格禁止其他国家将从美国进口的民用物品和技术加工改造成军用品或用于军事。

第三，关于加强对“巴统”的出口管制。新法案规定实施多国审查出口申请制度，“多国”即“巴统”成员国。对于拟向国外输出或转让的技术、物资，即使在商务部长批准输出的情况下，也必须要申请多国审查，审查结束后方可颁发出口许可证。如果商务部长批准输出，且在其向申请人发布“多国审查”通知书后的60日内，多国审查仍然尚无结论，则商务部长的批准有效，可以颁发出口许可证。为了防止禁运对象从第三国间接获取美国的先进技术和物资，美国总统应该与“巴统”成员国定期进行协商谈判，定期召开“巴统”成员国政府高级官员会议并重新审核“巴统”的管制清单。

3. 主要影响

20世纪五六十年代，美国的出口管制以禁运重要战略军事物资为主，从70年代开始，出口管制开始逐渐转为以限制高新技术的出口为主，《1979年出口管理法》的出台标志着这种转变的完成。该法案成为美国经济遏制的主要依据，并奠定了未来几十年美国对外，包括对华技术出口管制的基础。

当下，美国基于国家安全、外交政策、供应短缺、履行不扩散国际义务等原因对民用品及两用技术出口管理的法律依据仍然是《1979年出口管理法》。尽管该法案在1990年9月10日有效期满，但是由于各界对出口管制问题出现严重分歧，加之美国国会与行政部门之间斗争不断，为了维持出口管理制度的正常运行，美国总统多次利用《国际紧急经济授权法》（IEEPA）宣布法律到期后国家进入紧急状态，通过紧急授权，在《国际紧急经济授权法》的授权范围内将《1979年出口管理法》延期了三次直至2001年8月到期失效，目前美国执行的是1988年美国《出口管理法修正案》。

虽然《1979年出口管理法》早已因过期而失效，但其建立的军民“两用”产品和技术出口管制制度却因《国际突发事件经济权力法》（IEEPA）对美国总统的特别授权而延续下来。因此，尽管该法本身已失效，但其中与军民“两用”产品和技术出口管制相关的规定事实上仍然有效，依旧是当今社会军民“两用”产品和技术出口管制的重要依据。

（二）《综合贸易与竞争力法》

1. 时代背景

20世纪80年代以后，随着西欧和日本等国的迅速崛起，美国的国际地位相对有所下降，美国经济面临着日益严峻的挑战。加之“二战”后美苏争霸使美国把生产的重点放在军事物资上，国民经济军事化倾向严重，导致美国民用产品的国际竞争力大不如前，美国的贸易赤字迅速增长，引起了美国众多出口企业的极为不满。由于在美苏争霸中美国重新掌握了主动权，因此其大可不必像以前那般对军事物资进行严苛的贸易管制。此时，如何在新的国际形势下重新建立并维持美国的国际竞争力便成了当务之急。美国国内不少有识之士关于“放松出口贸易管制从而削减贸易赤字、提高美国出口产品尤其是高科技产品的国际竞争力”的呼声日益高涨。1987 年 3 月，美国国家科学院发表了《平衡国家安全利益》的长篇报告，指出虽然实行严苛的出口管制政策是为了实现国家安全的目标，但过于严格的出口管制严重削弱了美国许多诸如高技术产品、民用产品、军用产品等出口产品的国际竞争力，以至于从经济利益的角度出发，严格的出口管制甚至不利于国家安全。

经过近三年的激烈讨论，美国国会终于在 1988 年通过了《1988 年综合贸易与竞争力法》（*Omnibus Trade And Competition Act of* 1988）。

2. 主要管制措施

《1988 年综合贸易与竞争力法》的一个重要组成部分是《美国出口管理法 1988 年修正案》，即《1979 年出口管理法》新的修正案。主要内容包括：第一，放宽对装有计算机的科学器材和医疗仪器的出口管制；第二，缩减美国单边管制清单中的规模；第三，降低对转口商品再出口的限制。

1988 年，里根总统根据《1988 年综合贸易与竞争力法》的授权组织成立了“竞争政策委员会”（Competitiveness Policy Council）以制定一套重振美国世界综合竞争力的方案。1989 年，乔治·赫伯特·沃克·布什总统在“竞争政策委员会”的基础上又成立了一个跨部门的“总统竞争力委员会”（President's Council on Competitiveness）以研究如何恰当地放松出口管制、合理配置与开发人力资源、推进科学技术研究发展以及改善国内融资环境等一系列重大社会问题。

3. 主要影响

1990 年 6 月，随着“巴统”大幅度削减对电子设备、微型计算机、通信设备、精密机床的出口管制范围与力度，美国也对这些产品解除了部分出口管制。随着高科技产品出口管制的改革，出口计算机的运行速度较之前大幅提高；允许对外出口的精密机床的最高精度标准也比以前提高了 3~5 倍；对于远程通信设备的出口禁令也在一定程度上放宽或取消了。

据相关数据统计，在当时的美国对全球年出口高技术产品总额中，解除管制的产品大约占到其中的 30%（450 亿美元）。出口改革后的出口许可证数量比改革前减少了一半以上。出口改革使美国许多通信公司、精密电子设备公司等从中获得巨额利润，美国企业的全球销售额与日俱增。

(三)《出口管理条例》

1. 时代背景

由于美苏冷战时期以及后来里根政府时代的“新冷战”时期美国对国内武器装备、高技术产品等实行严格的出口管制政策，美国出现了严重的贸易赤字，引起了美国社会极大的不满。为使美国的贸易赤字状况得到改善，美国国会于1988年出台了《1988年综合贸易与竞争力法》，对《1979年出口管理法》进行了进一步的修正。为了使上述法案得到有效的贯彻落实，提高出口管制政策的透明度，美国商务部又于同年在该法案的基础上审议并制定了《出口管理条例》（Export Administration Regulation，EAR），该条例是执行美国《1979年出口管理法》和办理出口许可证手续的一个综合指南，其囊括了与美国出口管制政策相关的所有办法与规定。

2. 主要管制措施

《出口管理条例》是对《1979年出口管理法》的细化说明，主要是一些行政性的程序规定。《出口管理条例》进一步明确了出口管制的原则与目的、出口管理条例的范围、商业管制清单、国家管制清单、一般禁运及其他特殊管制、伊拉克重建的特殊许可证、视同出口管制、化学武器公约的要求、短缺供应管制、出口清关要求等内容，并对美国出口商申请和办理出口许可证的步骤进行了详尽的说明与规定，还进一步细化了《1979年出口管理法》关于出口管制的各项规章制度和惩罚机制。因此，该条例也与《1979年出口管理法》并列成为针对军民“两用”产品出口贸易管理的纲领性文件。

《出口管理条例》的核心内容是对美国军民“两用”物项和技术的出口贸易进行约束与规范。与《出口管理条例》相配套的是军民“两用”物项的出口管制清单。根据《出口管理条例》规定，出口管制清单内的所有物项和技术的出口都必须通过出口许可证的审核与批准，而出口许可证管制的宽严程度则是因物项而异的。除此之外，该法条对清单中任何受控制的物项和技术的再出口也有同样严格的控制，例如一项已经出口到A国的物项或技术，如果A国想要将其再出口到B国，必须要事先向美国商务部发出申请，获得商务部批准后才可继续进行。这一规定使美国商务部出口的管控力度在一定程度上较之前更为强大。

3. 主要影响

尽管《1979年出口管理法》早已在2001年8月因期满而失效，但《出口管理条例》作为出口管理法的深度细化说明，至今仍在《国际紧急经济授权法》的授权范围内保持着有效性并继续实行。加之美国目前尚无出台任何新的出口管理法，因此目前美国出口管理的综合指南便是《出口管理条例》。该条例为美国军民“两用”物项与技术的出口管理提供了基本依据与参考准则，使其出口法律制度更加完善，个体、集团或政府机构的出口行为更为稳健而有序。

六、第六阶段：严格控制武器出口阶段（2001~2009年）

这一阶段，人类社会进入21世纪，美国遭遇了“9·11”恐怖袭击事件，对武器出口更加严格。

1. 时代背景

2001年9月11日早晨，本来是一个再普通不过的星期二的早晨，很多员工刚刚到达美国纽约曼哈顿金融区世界贸易大厦准备开始新一天忙碌的工作，只听见一声惊天巨响，两架被恐怖分子劫持的民航客机分别撞向世界贸易中心一号楼和二号楼，两座建筑在遭到攻击后相继倒塌，而其余5座建筑物也因受震而坍塌损毁；9时许，另一架被劫持的客机撞向位于美国华盛顿的美国国防部五角大楼，五角大楼局部结构损坏并坍塌。该事件便是美国历史上著名的“9·11”恐怖袭击事件。

“9·11”事件是发生在美国本土的最为严重的恐怖攻击行动，遇难者总数高达2996人。联合国发表报告称此次恐怖袭击使美国经济损失达2000亿美元，相当于当年生产总值的2%。相比于经济方面的直接损失，此次事件对美国民众造成的心理影响更为深远，“9·11”事件给美国人带来了“历史上前所未有的惊恐和痛苦”，美国民众在经济及政治上的安全感均被严重削弱。

“9·11”恐怖袭击事件爆发之后，全美各地的军队均进入最高戒备状态，反恐袭击的问题首次上升到美国国家战略级别的高度。该事件的发生对美国出口贸易管制政策的调整有着极其重大的影响。

2. 主要管制措施

“9·11”事件爆发后，时任美国总统的乔治·沃克·布什向国会提出一项立法建议，要求国会授权总统在今后5年内对那些和美国协同一致打击恐怖主义的国家在军事方面提供援助并放宽对其的出口管制，强化现有的多边出口管制制度，协调出口许可证政策以缩小国际出口管制体系中存在的差异。对于国际恐怖主义，美国全面加强了对其的打击力度。

2002年的《美国国家安全战略报告》明确指出，对美国国家安全造成威胁的最大因素就是极端势力与尖端技术的结合。因此，为了杜绝类似的恐怖袭击事件的再次发生，美国对与恐怖袭击有关的所有武器装备和尖端技术实行了全面且严苛的出口管制政策，包括对敌对国家实行全面的技术封锁与物资封锁政策，对潜在敌对国家严格控制人才和技术的外流，具体的管制措施有以下几方面：第一，重新修正出口管制清单。一些原先不属于出口管制清单内的军民"两用"物资和技术被列入管制清单，以防止某些敏感物资或高端技术流向敌对国家。第二，增设许多负责处理恐怖袭击相关问题的专门机构并有针对性地出台并落实了一系列相关的计划与项目。例如：①商务部建立"出口追踪管制系统"（Tracker Export Control System）以加强对杀伤力强的武器装备和有毒化学品的出口管制；②美国国土安全部出台"美国盾牌计划"（Project Shield America），一方面是为了保护美国公众，阻止大规模杀伤性武器及其他恐怖器具进入美国，另一方面旨在同美国有关企业合作，防止国际恐怖分子和犯罪组织从美国及美国以外获得制造大规模杀伤性武器的材料和技术，以及军火、资金及其他支持；③美国海关与边境保护局发起"集装箱安全计划"（Container Security Initiative），旨在增强海运货物集装箱的安全，防止其被恐怖分子利用；④美国国土安全部海关边境保护局推出"海关—商界反恐伙伴计划"（C-TPAT），旨在由政府与相关业界共同构建一个供应链安全管理系统，以确保供应链从起点到终点的运输安全、安全信息及货况的流通，从而阻止恐怖分子的渗入。

3. *主要影响*

从美苏冷战结束到"9·11"事件爆发的近十年时间里，没有任何一个国家可以在军事力量方面与美国相抗衡。作为世界超级大国，面对日益频发的针对美国人的恐怖袭击事件，美国虽然启动了司法调查，并依法起诉相关恐怖袭击者，但却没有在出口管制政策和安全战略部署层面做出有效的调整，以致"9·11"恐怖袭击事件的爆发促使反恐袭击问题上升到美国国家战略级别的高度。之后，美国大规模且全面地加强了对出口贸易的管制，美国的出口管制由此也达到了前所未有的严苛程度。

七、第七阶段：提倡出口以缩小贸易赤字阶段（2010~2018 年）

美国是进口贸易强国，长年排名世界首位，贸易逆差也不断加大，2011年出台了《出口管制改革倡议：战略贸易许可例外规定》（以下简称《战略贸易许可例外规定》）。

1. 时代背景

2010年，奥巴马政府为了扩大国内产品的出口贸易额，减少贸易赤字给国内经济带来的损害，推出了“出口倍增计划”，期望在五年内实现美国出口额翻倍，为美国创造200万个就业机会。与此同时，美国政府还对出口管制政策做出了一些改革，目的是对现行的出口管制体制删繁就简，并最终确定一个单一的出口物品管制清单、单一的出口管制协调机构、单一的信息技术系统以及单一的出口许可证发放机构。

奥巴马政府于2010年上半年对美国现行的出口管制体系与政策进行了全方位多方面的评估，并于2010年12月公布了《出口管制现代化：战略贸易许可例外授权》等四项法规草案的征求意见稿。2011年6月，美国商务部出台了《出口管制改革倡议：战略贸易许可例外规定》(*Export Control Reform Initiative*：*Strategic Trade Authorization License Exception*)。该规定是奥巴马政府改革出口管制政策迈出的具有重要意义的一步，其在一定程度上反映了美国出口贸易管制改革的大方向。

2. 主要管制措施

该规定在1988年美国商务部《出口管理条例》原有的16条许可例外的基础上，增加了一项新的规定：美国政府允许美国出口商将特定的受管制物项、技术与服务出口、再出口或在国内首次转移至特定目的地时不申请出口许可证。这在一定程度上反映了美国政府对出口管制逐渐放松的趋势。但在增加新规定的同时，美国政府对《战略贸易许可例外规定》的适用范围、保障措施和限制条件作出了十分明确的规定，以确保许可例外在增加出口贸易便利性的同时保障美国的国家安全。

与2010年美国公布的许可例外授权草案相比，《战略贸易许可例外规定》主要在以下两个大方面进行了修正与变更。第一，规定缩小了《战略贸易许可例外规定》的适用范围。具体包括：①该规定的适用仅限于《出口管理法》管控下与出口、再出口以及国内首次转移至特定目的地相关的需要申请出口许可证的特定物项；②减少该规定适用的目的国家的数量；③增加该规定不适用的物项、技术和服务，主要包括与酷刑、生化武器、空间飞行器等相关的设备、软件和技术；④不再规定适用的民用或军用物项、技术的最终用途。第二，规定明确了《战略贸易许可例外规定》适用的限制。具体包括：①明确规定了该规定适用的具体保障措施，要求在适用时，交易双方必须严格遵守相应的规章制度；②增加了该规定适用的视同出口情况，并为其制定了专门的程序要求。

《战略贸易许可例外规定》的具体内容体现了其重要的核心特征。第一，保障美国国家安全仍然是此次出口改革的基本原则和首要目标。在保障美国国家安全的前提下，通过放松对一些低端技术、非重要军事物资和服务的出口管制，一方面促进了美国的出口贸易，从而削减了政府贸易赤字，达到了提高美国产品在国际市场上的综合竞争力的目的；另一方面进一步精简和明确了出口管制的范围和程序，从而使出口管制更加高效与便捷。第二，此次出口管制政策的调整体现了美国对不同国家的歧视性态度依然没有改变。美国商务部明确规定，《战略贸易许可例外规定》的适用地区只有 44 个“特定的目的地”，而作为美国第二大贸易伙伴的中国却不在其中。也就是说，美国出口商若想向中国出口高技术产品仍然无法享受该规定带来的便利条件，必须事先向美国商务部产业安全局申请出口许可证，经过严格的审查并通过许可证审批后才可继续进行出口贸易活动。

3. 主要影响

《战略贸易许可例外规定》的出台大大降低了美国制造商的经营成本，使其经济利益得到了极大的提高。该规定出台以前，美国企业向国外出口商品必须事先向美国商务部提交详细的产品概况、交易地址、联系方式等一系列材料并申请出口许可证。在商务部批准之前，交易是不能进行的，由此便有可能产生交易延期等不确定性的成本支出。但根据该规定，部分物资和技术的出口不再需要商务部的出口许可证，大大简化了出口贸易的程序，提高了出口贸易活动的交易效率并降低了出口商的交易成本。

该规定的出台和实施是美国出口管制改革具有重要意义的一步，表明美国政府为推进出口管制改革做出了不懈的努力，但距离“建立单一的管制清单、单一的出口管制协调机构、单一的信息技术系统以及单一的出口许可证发放机构”这一终极目标仍然有着漫长的距离。

第四节　美国对华出口管制政策的演变

一、全面封锁与禁运阶段

1949 年中华人民共和国成立之初，美国为了分化我国同苏联的政治与经贸关系，仍然同我国保持着一定的贸易往来，且对我国出口贸易的管制较苏联、东欧等国家宽松。

随着美苏冷战的日益严峻，美国对包括我国在内的社会主义国家的敌对态度日益强烈，针对“苏维埃联盟国”采取了大规模的贸易封锁和武器禁运措施。美国不单自身对“苏维埃联盟国”实行严苛的单边出口管制，还于1949年11月，联合英国、法国、意大利、比利时、荷兰等国成立“巴黎统筹委员会”（简称“巴统”），对华采取联合的多边出口管制措施。作为“苏维埃联盟国”重要成员国的中国，自然成为美国与“巴统”经济遏制与出口管制的重点对象。当时，“巴统”制定的国际管制禁运清单中禁止对华出口的战略物资高达500余种，美国对华出口管制分组处于管制比较严格的Y组（Y组代表允许非战略物资的出口，但出于国家安全需要，对于任何涉及军事用途、有助于提高进口国军事能力，甚至对美国国家安全造成潜在威胁的技术和物品严格禁止出口的国家）。

1950年，朝鲜战争爆发，我国“抗美援朝”导致中美直接对立，美国宣布中国为“敌对国家”，把我国划入出口管制组别中管制最为严苛的Z组，并按照《1949年出口管制法》禁止对华出口一切物资和技术，同时也禁止一切来自中国的商品流入美国，中美贸易一度完全中断。美国财政部冻结了中国在美国的所有财产和资金。1951年5月，在美国的操纵下，联合国大会通过了对中国实行全面封锁与贸易禁运的决议。1951年10月，美国国会又通过了《禁运法》，授权美国总统终止对不遵守协议的“巴统”成员国的经济援助。1952年，美国还怂恿并推动“巴统”成立“巴统中国委员会”，并将对我国的禁运物资和技术范围扩大至苏联的两倍，采取极其严苛的出口贸易管制政策。“巴统中国委员会”成立后，中美贸易进入了长达20年之久的冻结期。

二、逐渐缓和阶段

20世纪60年代初期，英国和日本不顾美国的强烈反对开始同我国开展贸易。在此背景下，时任美国总统肯尼迪重新评估美国对华的进出口贸易管制措施，并试图放松对华出口管制以改善同我国的贸易关系，但遭到美国国会的强烈反对，无疾而终。

1966年，美国国会首次放开了总统到社会主义国家访问的限制。约翰逊总统在一次电视演讲中表明：“美国与中华人民共和国的最终和解是很有必要的。”

1969年，尼克松任美国总统，此时美国的国际地位与综合竞争力较之前有所下降，苏联在经济、军事等各个方面都对美国构成了极大的威胁。此时，中国与苏联因争夺珍宝岛产生的矛盾愈演愈烈，中苏关系开始降温，逐渐转向交恶期。在此背景下，出于国家利益和联合中国共同对抗苏联的迫切需要，中美逐步进入了求同存异、互惠互利的和平时期。尼克松政府采取了一系列的政策和措施用以缓和中美关系。1969年7月21日，美国主动宣布允许每位美国旅客或海外居民购买价值不高于100美元的中国商品，并于同年12月9日宣布允许美国商人同中国进行非战略性物资的贸易往来。这标志着中美长达20年的贸易冻结期就此终结，双边贸易关系开始恢复。

1971年6月，尼克松总统宣布取消对华的贸易禁运政策。1972年，美国惠好公司向中国出口纸板，这是中华人民共和国成立后中美间的首次贸易往来，自此以后中美关系逐渐缓和，贸易往来日趋频繁。1972年2月21日，尼克松总统来华访问，中美两国关系实现正常化。1972年2月27日，中美双方联合签署《上海联合公报》，指出："中美双方将两国的贸易关系看作是一个可以为双方带来切实利益的领域，并一致认为平等互利的经济贸易关系符合两国人民的根本利益。"此外，《上海联合公报》还明确了中美贸易的基本原则，我国又重新被列入美国出口管制的Y组，中美贸易迎来了新的曙光。在此期间，"巴黎统筹委员会"就对华的出口许可资格也放宽了要求，同意向中国转让更高水平的技术与物资。

三、逐渐放松的新政策阶段

1978年12月，中共十一届三中全会后中国开始实行对内改革、对外开放的新政策，这也为中美贸易关系的发展提供了新的契机。1979年1月，中美两国正式建立外交关系，并签署了《中美科技合作协定》，标志着两国为中美关系正常化迈出了第一步，美国对华技术出口管制自此进入了一个新阶段。1979年7月，两国政府签订了《中美贸易关系协定》，美国同意在平等互利和非歧视性原则的基础上与中国开展经济贸易往来，两国相互给予对方最惠国待遇。同时，美国出台《1979年出口管理法》，缩减了美国对华出口管制的产品范围，改进了出口资格审查制度，提高了出口许可证审批效率，这在极大程度上鼓励并推动了美国产品尤其是高新技术和精密设备向中国的出口，由此中美经贸关系进入了自中华人民共和国成立以来发展最为迅速的阶段。但是，需要特别指出的是，美国在这一阶段放松对华的出口管制只是其在美苏冷战中对抗苏联的一种手段，改善中美经贸关系也不过是为了牵制苏联的经济发展以维持其世界唯一超级大国的地位。因此，对于出口管制这一问题，美国对我国和苏联采取了一视同仁的态度，将我国和苏联共同列入其出口管制的 Y 组，并有意使对我国和苏联的出口管制政策保持平衡。1979 年 12 月，苏联入侵阿富汗使这一平衡被打破，并使美国更加坚定了要贯彻落实“联华制苏”这一战略。1980 年 4 月，时任美国总统卡特宣布中国为美国的“非敌对国”，放弃了此前使我国和苏联保持平衡的出口管制策略，开始对中苏实行区别对待政策，并将我国从出口管制较为严格的 Y 组调至出口管制相对宽松的 T 组（T 组代表除对刑侦、军事物资出口要求具有许可证以外，基本不设任何管制的国家），极大地促进了美国对华出口管制的松动。此时的中国作为“非敌对国”原则上可以获得美国军民两用的产品和技术，但还需经过逐项审查。

随着中美经贸关系的进一步发展，出于对国家安全、外交政策、国际竞争力、经济发展等多重因素的考虑，1981 年里根总统入主白宫之后开始着力放松对华出口管制政策并给予中国获得更高水平技术转让的特惠待遇。1983 年 6 月 21 日，美国政府宣布自当年 11 月 23 日起，将中国列入美国“友好的非盟国”行列，并将我国从出口管制较为宽松的 T 组调至管制更为宽松的 V 组。

1983 年 11 月，里根政府发表了《对华出口指导原则》，并在此基础上重新审核并公布了七类电子产品对华出口的技术界限，将技术和产品划分为“红区”“黄区”“绿区”三类。“绿区”主要包括电子测试设备、硅半导体生产设备、微电路、计算机、记录设备、示波器、计算机控制测试设备共七类。绿区的产品和技术的出口审批程序最为简单，由商务部直接批准，无须跨部审查。“黄区”主要包括高技术产品，商务部不可直接批准，需联合国防部等其他部门跨部审查。“红区”主要包括能直接用于军事系统且具有重要军事用途的最先进的技术和设备，属于此类的产品除非特殊原因，出口申请一般均会被拒绝。此外，里根政府还简化了美国出口商办理出口许可证的审批程序以加速对华出口。

为了进一步体现美国对华出口管制与苏联的区别，里根政府规定对华出口管制实行“双倍政策”（The Double Threshold Policy），即允许美国出口商对华出口技术产品的技术水平是对苏出口的两倍，并宣布所有不需“巴统”审查的出口申请项目将由商务部直接审批，无须跨部审查。

“双倍政策”的出台大大提高了美国对华出口的产品和技术的水平，进一步推动了美国放松对华出口管制的步伐，并使这一时期美国出口商申请对华出口的数量与日俱增。急剧增加的对华出口申请书如潮水般涌入商务部、国防部以及其他有关部门，导致申请项目大量积压，审批时间无限拖延。在这种情况下，美国同“巴统”其他成员国于 1985 年 2 月成立了“中国问题特设委员会”以加速处理对华出口申请。1985 年 9 月，“巴统”各成员国就“简化对华出口管制程序”这一议题达成共识，并接受美国提出的“绿区”政策，将原“绿区”中的七类项目扩大至 27 类项目，进一步放宽了对华出口的限制。按照此政策，自 1985 年 12 月起，“巴统”成员国对华出口的产品凡是属于“绿区”内的 27 类项目之一，且技术水平符合“绿区”标准，在我国出具“最终用户证明”并提供担保的前提下，出口国可自行决定出口事宜，无须送“巴统”联合审批。为了提高对出口商对华出口申请的审批效率，美国商务部出口管理局于 1986 年 12 月成立了专门的“中国科”。20 世纪 80 年代中后期，美国贸易逆差急剧增加，尤其是 1986 年美国在其占据绝对优势的高新技术领域首次出现了贸易逆差，美国国内一片哗然，引起了美国各界尤其是工商界人士的高度关注。美国贸易逆差的持续扩大，加之美国出口商对严格的出口管制的不满，迫使美国政府对华继续采取放松的出口管制政策。

1987 年初，美国第 100 届国会将“平衡贸易赤字”作为首要议题。美国商务部分别于 1987 年 4 月、6 月、11 月及 1988 年初先后四次对对华出口“绿区”范围进行调整，截至 1988 年初对华出口的“绿区”范围扩大到 32 类技术物资。1988 年出台的《出口管理法 1988 年修正案》，又对装有微电脑的科学设备和医学仪器的出口放松了限制条件。对华出口管制的进一步放松，使美国出口商对华出口高技术商品的申请数量激增。据美国有关部门统计，1988 年美国对华出口高技术商品的申请报告共 6900 份，总额高达 36 亿美元，其中 91%的出口申请获得批准，最终出口成交额达 30 亿美元，美国对华出口高技术商品的总额占当年美国出口总额的 70%以上。1989 年美苏首脑来华访问，更加速了美国放松对华出口管制的步伐。1989 年 2 月，美国与“巴统”成员国就“提高准许对华出口的物资与技术的级别水平”这一议题达成一致共识。1989 年 3 月，我国经贸部与美国商务部签署《关于向中国发放分销许可证协议》。20 世纪 80 年代中后期由此成为美国向中国大量出口高技术产品的黄金时期，这一时期我国进口了大量先进设备，对我国经济发展和产业结构优化升级起到了巨大的作用。

四、暂时停滞阶段

20 世纪 80 年代末美苏冷战已濒临结束，苏联解体已是板上钉钉之事，其再也无法对美国构成任何重大威胁，因此美国不再需要联合中国一起抗衡苏联，中美关系的良好基础不复存在。随着中国经济实力和国际地位的不断攀升，中国又重新成为美国贸易管制的主要目标。正是由于国际战略形势和美国战略利益的变化导致了美国对华出口管制态度的巨大转变。

该阶段美国开始对我国实行严厉的出口管制措施，从而使对华出口处于暂时停滞的阶段。1989 年 6 月 5 日，时任美国总统乔治·赫伯特·沃克·布什签署了一项暂停对华出口战略军事武器装备的协议，此后又停止了放松对我国出口管制计划的审议进程。1989 年 7 月 14 日、15 日美国参议院、众议院通过一系列的提案给总统施加压力，敦促美国政府对我国实施更加严厉的出口管制措施，重新确立对华高技术产品出口的管制策略，终止此前给予中国的高技术出口的最惠国待遇。在美国国会的强大压力下，布什政府先后出台了一系列对华出口的管制措施，包括禁止危及国家安全的武器装备的出口，终止长征火箭发射休斯卫星的合同，禁止任何与核武器、核燃料相关的技术和产品的出口等 12 项对中国政治、经济、军事、技术的出口管制措施。据有关部门统计，由于商业性武器出口禁令的颁布与实施，仅仅在 1989 年这一年内，美国便至少中断了 300 项对华出口许可证的审查。

该阶段不仅美国开始对中国的出口贸易实行全面制裁，“巴统”各成员国也开始对中国出口采取一系列更加严苛的管制措施。1989 年 10 月起，“巴统”取消对中国出口管制的放松计划。对于向中国出口的各类物资和技术，“巴统”各成员国均对其加强了出口管制措施。

20 世纪 90 年代克林顿上台之后，美国国会参众两院依然在对华出口管制问题上采取强势态度，继续对克林顿政府施压，迫使克林顿政府在其任期内在“放松对华出口管制”方面一直难以有所作为，美国放松对华出口管制的进程基本处于停滞状态。然而我国在 20 世纪 90 年代初步建立并逐步完善了社会主义市场经济体制，我国市场经济的发展充满无限活力，人民购买力水平不断攀升，我国日益扩大的购买力市场对美国的高新技术出口商具有极大的吸引力。在 1994 年 9 月美国商务部制定的一项“国家出口战略”中，我国位列美国十大出口目标国之首。一方面，从实现经济利益和提高国际竞争力的角度出发，面对中国这个正在崛起的新兴市场，美国十分渴望通过出口高技术产品来获得巨额经济利益从而提高高技术产品的国际竞争力。另一方面，从维护美国国家安全的角度出发，随着中国综合实力的不断增强，“中国威胁论”盛行，美国又企图通过限制对华高技术产品的出口来阻碍中国的进步与发展。因此在克林顿执政时期，美国对华出口的管制处于一种渴望放松管制但又不得不进行管制的矛盾之中。

1994 年 4 月 1 日，作为美苏冷战产物，对社会主义国家实行禁运和贸易限制的国际组织“巴黎统筹委员会”正式宣布解散，美国也不得不就对华出口管制政策做出相应的调整，这在一定程度上为中美进出口贸易往来提供了新的契机。1994 年初以来，美国在对华技术出口管制方面有所放松，美国商务部对计算机、半导体、电信设备、示波器及其他高技术商品均放松了出口管制，大幅度减少了出口的相关要求，中美之间高新技术与物资的贸易往来开始逐渐回暖。据有关部门统计，1995 年我国从世界各国进口的技术合同总金额比 1994 年增加了 3 倍多，合同数量增加了 8 倍。其中，来自美国的技术进口合同总金额增加了将近 4 倍，合同数量增加了 10 倍多。

“巴统”宣告解散之后，包括原“巴统”17 国在内的 28 个国家于 1995 年 9 月在荷兰瓦森纳召开高官会议，决定加快建立常规武器和双用途物资及技术出口多边控制机制，以弥补现行大规模杀伤性武器及其运载工作控制机制的不足。在美国的操纵下，1996 年 7 月以西方国家为主的 33 个国家在奥地利维也纳签署了一个全球性的多边出口管制协议——《关于常规武器和两用物品及技术出口控制的瓦森纳协定》（*The Wassenaar Arrangement on Export Controls for Conventional Arms and Dual-Use Good and Technologies*，简称《瓦森纳协定》），决定从 1996 年 11 月 1 日起实施新的出口控制清单和信息交换规则。中国，同样被列入禁运国家之中。

尽管《瓦森纳协定》规定成员国自行决定是否发放敏感产品和技术的出口许可证，并在自愿基础上向《瓦森纳协定》其他成员国通报有关信息，且声称不针对任何国家和国家集团，不妨碍正常的民间贸易，也不干涉通过合法方式获得自卫武器的权力，但实际上其完全受美国控制且主要针对发展中国家。当《瓦森纳协定》某一成员国家拟向中国出口某项高技术时，美国甚至直接出面干涉，如捷克拟向中国出口“无源雷达设备”时，美国便向捷克施加压力，迫使捷克停止该项交易。此时的中国，若想从西方国家尤其是美国进口先进的高新技术仍然是困难重重。

1997 年、1998 年中美两国元首成功实行互访，标志着中美关系进入一个新的发展阶段。从表面上看，中美开始致力于建设一种“面向 21 世纪的建设性战略伙伴关系”。但实际上，美国政府始终把中国视为“战略竞争对手”。1998 年美国政府以国家安全为由，根据《1998 年国防授权法》对高性能计算机、导弹技术及设备、精密机床配件等敏感技术的对华出口施加了更为严苛的约束管制措施，并把航天卫星技术加入美国军民出口管制清单中以专门对中国进行出口控制。

1999 年 5 月 25 日，以美国众议院政策委员会主席克里斯托弗·考克斯为首的“联合调查委员会”向国会递交了一份蓄谋已久的报告：《考克斯报告》。该报告污蔑中国 20 多年来在美国国家核武器实验室窃取了七种核弹头和中子弹的机密以及高性能电脑技术的秘密资料，并提出了 38 项出口管制措施以限制先进技术的对华出口。《考克斯报告》发布之后，美国政府对向中国出口某些如航天卫星技术、高级计算机技术的高科技技术以及敏感军事武器装备的限制条件比过去更加严格。

20 世纪 90 年代末期，美国国会除对中国采取比以往更加严格的高新技术出口管制措施之外，还对华采取了加征关税、反倾销、应用特殊保障措施、设置技术贸易壁垒以及建立多边制裁机制等其他多种贸易管制措施。所有上述联合贸易制裁措施的出台和实施均使中美贸易的失衡问题较以往更加严峻。

2001 年乔治·沃克·布什入主白宫，在保守主义思潮的影响下中国仍然被美国视为“战略竞争对手”之一。2001 年 1 月 17 日，美国国会负责不扩散事物的代表范恩·范·迪彭发言称：“中国是我国出口管制政策的重点对象，因为中国是一个日益强大的地区性军事强国。本届政府对军民两用品和军品实行严格的出口管制政策，目的是防止中国或其他国家的核武器、导弹、化学和生物武器以及其他值得关注的军事项目从中获益。”

尽管“9·11”恐怖袭击事件的发生使美国的战略重点被迫发生了转移，严厉打击恐怖组织、防止大规模杀伤性武器及其发射技术的扩散成为美国的首要任务，但在与中国建立建设性合作伙伴关系的同时，美国也绝没有停止对中国出口的管制。在维护国家安全成为美国第一要务的背景下，美国政府以此为由在对华出口高科技产品方面采取更为严苛的制裁措施，对出口产品相关信息的调查更广泛，且审批对华出口许可证的时间更长、限制条件更多。当时，美国民主党代表一致认为是中国摧毁了美国的工作机会，共和党也把中国经济蒸蒸日上的势头过度解读为“中国威胁论”。

2002 年 2 月，美国审计署向国会提交了一份名为《出口限制：美国急需就中国半导体产业快速发展作基本政策评估》的报告，报告中要求美国政府对中国实行更加严格的高技术出口管制措施。2002 年 7 月，美中安全评估委员会在其发表的第一份年度报告中指出美中经贸关系往来对美国国家安全产生的影响弊大于利，并主张政府继续对华实施严苛的出口管制政策与措施。

2003 年，美国进一步加大对华高技术产品和软件的出口管制，还特别强调对华核技术及导弹技术的监控。对于美国波音和休斯公司向中国出口可用于制造洲际导弹的卫星和火箭技术的行为，美国国会对两公司处以罚款 600 万美元的惩罚。此后，美国国会分别于 2006 年、2007 年公布《对中华人民共和国出口和再出口管制政策的修改和澄清及新的合法最终用户制度》及对华军民两用技术和产品的出口管制清单——《对中华人民共和国出口和再出口管制的修改和阐释》，以限制美国产品和技术对华出口。美国商务部还于 2006 年底成立了专门向商务部长提供有关“视同出口”管制建议的“视同出口建议委员会”。按照该委员会的相关规定，赴美留学的外国学生和研究人员必须在事先申请并获得“视同出口”许可证的前提下才可以进一步接触并学习相关敏感知识和技术。2006 年，美国政府总共收到 865 个“视同出口”许可证申请，其中有 60%是针对中国公民的。在一定程度上可以看出，美国许多的高技术出口管制措施主要是针对中国制定的。

直至 2007 年底，美国对华技术出口的管制才开始有一定程度的放松。2007 年 12 月，中美两国签署了《高技术与战略贸易发展指导原则》。该指导原则规定中美两国要为消除双边高技术贸易壁垒做出共同的努力，同时要求美国政府采取有效措施以简化高技术出口贸易许可证的申请及审批程序。

2009 年奥巴马就任美国总统后，基于扩大出口以削减巨额贸易逆差的现实需要提出了一项在五年内实现美国出口额翻倍，并为美国创造 200 万个就业机会的“出口倍增”计划，同时将出口管制体系的改革提上了日程。美国总统、国务卿、商务部、国防部和参众两院在多个不同场合表示要对当前严苛的出口管制体系重新进行评估和修正，并于 2010 年 8 月 31 日正式启动出口管制体系改革程序，以建立一个高效的出口管制体系。2010 年 12 月，奥巴马政府公布了《出口管制现代化：战略贸易许可例外授权》等四项法规草案的征求意见稿。在此基础上，美国商务部于 2011 年 6 月发布了出口管制政策新规——《出口管制改革倡议：战略贸易许可例外规定》。该规定明确指出，当美国出口商将特定的管制物项与技术出口、再出口或在国内首次转移至 44 个特定国家或地区时，可直接出口，无须申请出口许可证。从表面上看，美国似乎在出口管制问题上做出了一定的让步。但商务部明确规定，该规定只适用于规定内明确提及的44个特定的国家和地区，并不包括作为美国第二大贸易伙伴的中国。美国政府将中国排除在44个可享受出口贸易便利条件的国家和地区之外，标志着美国对华高技术产品的出口贸易仍然无法享受该规定带来的便利条件，美国出口商在对华出口先进技术和产品之前仍然必须向美国商务部产业安全局申请出口许可证并接受其严苛的审查，获取出口许可证之后方可继续进行出口贸易。由此可见，美国政府并未从根本上改变对华出口管制的一贯立场与态度，仍然将中国视为“非敌非友”的潜在战略竞争对手并在对华出口问题上继续采取遏制措施。

五、贸易摩擦不断升级阶段

自2016年英国“脱欧”以来，一股逆全球化风潮逐渐在世界各国兴起，原本积极致力于推动全球化进程的美国如今也呈现出逆全球化的苗头与趋势。一向坚持“美国优先”理念的唐纳德·特朗普于就任美国总统后的第四天便签署行政命令，正式宣布美国退出《跨太平洋伙伴关系协定》（*Trans-Pacific Partnership Agreement*，TPP），并于不久后在事实上终止了曾与欧洲大力推动的双边自由贸易协定《跨大西洋贸易与投资伙伴协议》（*Transatlantic Trade and Investment Partnership*，TTIP），甚至一度威胁要退出“世界贸易组织”（World Trade Organization，WTO）。除此之外，特朗普又于2017年6月和10月相继宣布退出《巴黎协定》和“联合国教科文组织”，并宣布将兑现之前的承诺，敦促国会终止已生效20余年之久的《北美自由贸易协定》（*North American Free Trade Agreement*，NAFTA）。特朗普上任以来，美国开启了“退群”模式，由国际多边机制和贸易自由的创立者和倡导者转变成单边主义和贸易保护主义的推动者，逆全球化趋势不断凸显。所有这些逆全球化行为的根本动因是相同的：美国认为这些协议与组织对美国不公平，全世界都受益了，唯独自己吃亏了。实际上，美国“退群”其实并不是真的要完全退出全球化，而是想要通过这种貌似逆全球化的“退群”行为另起炉灶，试图改变现有的其认为“不公平的”全球化机制，重新塑造符合其经济利益且由美国主导的全球化机制和秩序，将“二战”以来的理想主义全球化转变为以牺牲他国为代价而服务美国的利己主义全球化。

由表2-1、表2-2可知，美国对主要贸易伙伴进出口额几乎均有所增加，这也可以佐证美国“退群”的真正目的。

表 2-1 2018 年 1~9 月美国对主要贸易伙伴出口额

单位：百万美元，%

国家和地区	金额	同比	占比
总值	1242245	9.1	100
加拿大	225380	7.3	18.1
墨西哥	197873	10	15.9
中国	93363	3.1	7.5
日本	54793	9.9	4.4
英国	49276	18.7	4
德国	43483	9.4	3.5
韩国	41047	13.4	3.3
荷兰	36172	17.1	2.9
巴西	29312	9.2	2.4
中国香港	28522	-5.1	2.3
法国	26896	8.1	2.2
新加坡	24766	12	2
印度	24257	27	2
比利时	23800	6.5	1.9
中国台湾	21869	17.1	1.8

资料来源：中国商务部。

表 2-2 2018 年 1~9 月美国对主要贸易伙伴进口额

单位：百万美元，%

国家和地区	金额	同比	占比
总值	1885359	9.4	100
中国	394731	8.2	20.9
墨西哥	257859	10.8	13.7
加拿大	241118	8.5	12.8
日本	104817	3.8	5.6
德国	93768	8.7	5
韩国	54232	2.2	2.9

续表

国家和地区	金额	同比	占比
英国	44107	13.9	2.3
爱尔兰	42743	17	2.3
印度	41004	12.5	2.2
意大利	40278	13	2.1
法国	38403	10.6	2
越南	36377	5.6	1.9
中国台湾	33174	5.4	1.8
瑞士	29721	12.5	1.6
马来西亚	29459	7.5	1.6

资料来源：中国商务部。

为了实现其目标，打造“美国优先”的新政治经济体系，美国便采取了对当今世界最主要经济体发起贸易战的手段，而作为当今世界第二大经济体的中国便成为首当其冲的攻击对象。

在长达40年的改革开放过程中，中国积极参与并推进全球化进程，取得了举世瞩目的伟大成就，全国上下发生了翻天覆地的变化，综合实力与国际竞争力都实现了跨越式的发展：2002年之后，中国GDP开始连续以两位数的速度增长，中央财政实力剧增；2010年，中国成为世界第二大经济体；2012年，中国成为世界第一货物贸易大国和第一大制造业国家；2013年，人民币成为世界贸易的第二大结算货币，并成为国际货币基金组织SDR篮子的成员货币。随着中国重工业化时代的到来，国家针对核心行业出台了相应的产业扶植政策和一系列纲领性文件，主要包括：2008年的《关于鼓励技术引进和创新，促进转变外贸增长方式的若干意见》和《国家中长期科学和技术发展规划纲要（2006~2020年）》，2010年的《国务院关于加快培育和发展战略性新兴产业的决定》，以及2015年的《中国制造2025》。如今，中国在全球范围内发展迅猛，美国人读到《中国制造2025》自然会联想到美国财政部长汉密尔顿的《关于制造业的报告》，两个文件都彰显了一个新崛起的国家发展制造业的勃勃雄心。随着中国综合实力与国际竞争力的不断提升，为了遏制中国崛起的步伐，防止当年美国赶超英国的历史在中美两国身上重演，维护美国世界唯一超级大国的国际地位，美国自然会把打压的矛头对准中国。

美国重建以“美国优先”为原则的全球化机制的重要一步就是对中国发起贸易战。中美建交以来，中美经贸关系就是两个大国间关系的“压舱石”和“稳定器”。但是自特朗普上任以来，美国大行单边主义管制措施，主动挑起与中国的贸易战，导致中美之间的贸易摩擦和争端不断升级。2017 年 8 月，特朗普政府以产业损害和保护知识产权为由，绕开世界贸易组织争端解决机制，单纯根据美国国内法挑起国际贸易摩擦，以“301 条款”的名义对中国发起“301 调查”，并于 2018 年 3 月公布了调查报告——《基于 1974 年贸易法 301 条款对中国关于技术转移、知识产权和创新的相关法律、政策和实践的调查结果》。该调查报告分六章对中国展开五项指控，污蔑中国通过各种手段侵犯和窃取美国的知识产权。特朗普据此对中国正式发起了贸易战。

2018 年 6 月 15 日，白宫对中美贸易发表声明，拟对 1102 种产品合计 500 亿美元的商品征收 25%的关税，并于 7 月 6 日起对第一批清单上 818 个类别、价值 340 亿美元的中国商品加征 25%的进口关税。中国政府为维护正当权益，及时采取了相应的反制措施，于同日对同等规模的美国产品也加征 25%的进口关税。至此，世界两大经济体之间正式拉开了贸易战的序幕，这是迄今为止和平时期经济史上规模最大的贸易战，引起全世界各国的广泛关注。此后，中美贸易战不断升级。2018 年 8 月 1 日，特朗普拟将对华 2000 亿美元的商品加征的关税税率从 10%上调至 25%。2018 年 8 月 3 日，中方回应将对美 600 亿美元的商品加征 5%、10%、20%和 25%的关税，实施日期视美国而定，中美贸易战再次升级。2018 年 9 月 18 日，美国政府宣布将于 9 月 24 日起对约 2000 亿美元进口自中国的产品加征关税，税率为 10%，并在 2019 年 1 月 1 日上升至 25%，还称如果中国针对美国农民或其他行业采取报复措施，将对约 2670 亿美元的中国产品加征关税。中国商务部当日回应，为了维护自身正当权益和全球自由贸易秩序，中方将不得不同步进行反制。

中美经贸合作自两国建交以来就有着“合作内容广泛，利益交融深切”的特点，出现各种各样日常性的经贸摩擦也在所难免，但以往的贸易摩擦并没有影响中美经贸的合作大局。这一次，美方不顾双方达成的合作协定，屡次出尔反尔，大行单边主义，悍然发动有史以来最大规模的贸易战，其原因主要有以下两点：

第一，迫使中国对美扩大市场准入来进行利益敲诈。尽管美国从中美双边合作中取得了巨大经济利益，但特朗普在竞选总统时就一直宣称中美贸易使美国贸易赤字严重，中国占了美国的便宜。然而，美国对华贸易逆差的根本原因并非中国以极低的价格对美国进行贸易倾销，而是由于美国严苛的对华出口管制政策导致美国出口到中国的商品太少了。美国自己关上了向中国出口的大门，因此贸易赤字是美国对华出口贸易政策导致的必然结果。在解决中美经贸摩擦方面，美国不从自己身上找原因，主动放松对华出口管制的政策与措施，积极推动其具有绝对优势的高技术产品的对华输出以缓解贸易赤字，反而选择背弃双方达成的共识，单方面发起贸易战，迫使中国在贸易投资上进一步对美扩大市场准入，加大购买美国产品，从而使美国在削减贸易赤字的同时获取更多经济利益。

第二，试图在战略上遏制中国的崛起以维护其世界霸权地位。“二战”后，世界格局发生巨变，美苏成为称霸世界的两个并列超级大国。美苏冷战结束后，美国在科技、经济、军事等方面的实力均遥遥领先，成为世界唯一超级大国。为了维护世界唯一超级大国的霸权地位，防范其他国家赶超自己，美国对世界上其他发展较快的国家都一直心存戒备并随时准备采取战略遏制措施。如同当年的苏联和日本，当今时代的中国飞速发展，综合国力迅猛提升，中国崛起的速度之快完全超出了美国的意料，美国为了防止中国在经济发展和综合国力等方面赶超自己，重新审视并定义了中美关系。2017 年底和 2018 年初特朗普政府颁布的《美国国家战略安全》和《美国国防战略报告》把中国定义为美国长期的“战略竞争对手”，认为中国正在试图挑战美国唯一超级大国的国际地位，并将全球化的国际秩序往有利于自身的方向引导转变。《美国国防战略报告》还指出：“当今时代，美国国家安全的首要问题是国家间的战略竞争。经济安全是国家安全的基础，经济安全就是国家安全。”为了维护美国世界霸权的地位，防止中国在高技术领域赶超上来从而威胁美国国家安全，美国总统特朗普于 2018 年 8 月 13 日签署《2019 财年国防授权法案》以增加国防支出，其包含两个重要法案——《出口管制改革法案》和《外国投资风险审查现代化法案》。《出口管制改革法案》被称为史上最严格的技术出口管制法案，对包括生物技术、人工智能、数据分析、量子计算、机器人等在内的相关前沿技术设置了更加严格的出口管制政策。《外国投资风险审查现代化法案》则是美国国会针对人工智能、机器人、自动汽车和互联网领域等敏感行业的外国（尤其是中国）投资的迅速增长，专门制定的一项改革现有外国投资审查制度以防范外国企业通过投资获取美国高科技技术的法案。此外，美国对华发起贸易战后首批加征关税的就是《中国制造 2025》包含的高科技领域的产品，也反映了美国遏制中国技术追赶的意图。因此，美国发起贸易战不仅是为了敲诈更多的经济利益，更重要的是遏制中国的飞速崛起。

可见，无论是出于利益敲诈还是出于战略遏制的目的，特朗普政府对华态度的转变和战略的调整都反映出中美关系已经进入一个结构性矛盾日益突出的新时期。随着中国经济的飞速发展与国际地位的日益提高，由中美两国间不同的政治经济制度、发展模式和治国理念导致的守成大国与崛起大国之间的“结构性矛盾”将逐渐取代传统中美贸易往来过程中的“日常性摩擦”，成为影响中美经贸关系的主要因素。

这种“结构性矛盾”的表现形式之一便是中美贸易差额，而美国贸易差额的主要来源国家和地区如表2-3所示。

表2-3 2018年1~9月美国贸易差额主要来源

单位：百万美元，%

国家和地区	2018年1~9月	上年同期	同比
总值	-643114	-584594	10
主要逆差来源			
中国	-301368	-274188	9.9
墨西哥	-59986	-52843	13.5
德国	-50285	-46493	8.2
日本	-50024	-51130	-2.2
爱尔兰	-34501	-28947	19.2
越南	-29268	-28624	2.3
意大利	-22711	-22132	2.6
马来西亚	-19793	-17396	13.8
印度	-16747	-17347	-3.5
加拿大	-15738	-12206	28.9
主要顺差来源			
中国香港	23480	24439	-3.9
荷兰	19555	18144	7.8
澳大利亚	11336	10290	10.2
比利时	10999	11408	-3.6
阿拉伯联合酋长国	9810	11477	-14.5

资料来源：中国商务部。

为了更好地理解上述美国贸易逆差的来源，我们通过表 2-4 来了解美国具体进出口的商品构成。从此更加准确地理解各项商品在美国的贸易逆差中占比情况。

表 2-4　2018 年 1~9 月美国主要进口商品构成

单位：百万美元，%

HS 编码	商品类别	2018 年 1~9 月	上年同期	同比	占比
章	总值	1885359	1723177	9.4	100
84	核反应堆、锅炉、机械器具及零件	281887	251285	12.2	15
85	电机、电气、音像设备及其零附件	263498	251061	5	14
87	车辆及其零附件，但铁道车辆除外	219540	213786	2.7	11.6
27	矿物燃料、矿物油及其产品；沥青	179581	145141	23.7	9.5
30	药品	84836	70053	21.1	4.5
90	光学、照相、医疗等设备及零附件	67952	62541	8.7	3.6
94	家具、寝具等；灯具；活动房	49437	46824	5.6	2.6
71	珠宝、贵金属制品；仿首饰；硬币	44462	43237	2.8	2.4
39	塑料及其制品	44013	38969	13	2.3
29	有机化学品	40816	34319	18.9	2.2
61	针织或钩编的服装及衣着附件	34171	32981	3.6	1.8
73	钢铁制品	30631	27563	11.1	1.6
62	非针织或非钩编服装及衣着附件	28843	28178	2.4	1.5
88	航空器、航天器及其零件	22810	22447	1.6	1.2
72	钢铁	22792	20981	8.6	1.2
95	玩具、游戏或运动用品及其零附件	22682	21264	6.7	1.2
40	橡胶及其制品	21010	19830	6	1.1
64	鞋靴、护腿和类似品及其零件	20073	19584	2.5	1.1

续表

HS 编码	商品类别	2018 年 1~9 月	上年同期	同比	占比
22	饮料、酒及醋	18487	17328	6.7	1
76	铝及其制品	17979	16836	6.8	1
44	木及木制品；木炭	16527	14752	12	0.9
08	食用水果及坚果；甜瓜等水果果皮	13382	12674	5.6	0.7
03	鱼及其他水生无脊椎动物	12908	12588	2.5	0.7
48	纸及纸板；纸浆、纸或纸板制品	12608	11579	8.9	0.7
63	其他纺织品；成套物品；旧纺织品	11387	11003	3.5	0.6
38	杂项化学产品	11074	9999	10.8	0.6
33	精油香膏；香料制品及化妆盥洗品	10996	9775	12.5	0.6
42	皮革制品；箱包；动物肠线制品	10083	9663	4.4	0.5
28	无机化学品；贵金属等的化合物	9436	8161	15.6	0.5
83	贱金属杂项制品	9398	8710	7.9	0.5
以上合计		1633300	1493112	9.4	86.6

表 2-5　2018 年 1~9 月美国主要出口商品构成

单位：百万美元，%

HS 编码	商品类别	2018 年 1~9 月	上年同期	同比	占比
章	总值	1242245	1138583	9.1	100
84	核反应堆、锅炉、机械器具及零件	159681	149071	7.1	12.9
27	矿物燃料、矿物油及其产品；沥青	137172	97527	40.7	11
85	电机、电气、音像设备及其零附件	131118	128635	1.9	10.6
88	航空器、航天器及其零件	101264	97130	4.3	8.2
87	车辆及其零附件，但铁道车辆除外	99752	97253	2.6	8
90	光学、照相、医疗等设备及零附件	66690	61782	7.9	5.4

续表

HS 编码	商品类别	2018 年 1~9 月	上年同期	同比	占比
39	塑料及其制品	50392	46402	8.6	4.1
71	珠宝、贵金属制品；仿首饰；硬币	49886	45729	9.1	4
30	药品	35899	34115	5.2	2.9
29	有机化学品	30350	26952	12.6	2.4
38	杂项化学产品	22970	20586	11.6	1.9
10	谷物	16126	15105	6.8	1.3
12	油子仁；工业或药用植物；饲料	15795	15409	2.5	1.3
73	钢铁制品	14572	13791	5.7	1.2
02	肉及食用杂碎	12877	11906	8.2	1
72	钢铁	12777	11912	7.3	1
48	纸及纸板；纸浆、纸或纸板制品	12443	11715	6.2	1
97	艺术品、收藏品及古物	11359	9118	24.6	0.9
40	橡胶及其制品	10636	10113	5.2	0.9
08	食用水果及坚果；水果的果皮	10287	10009	2.8	0.8
33	精油香膏；香料制品及化妆盥洗品	10081	9536	5.7	0.8
76	铝及其制品	9571	8597	11.3	0.8
28	无机化学品；贵金属等的化合物	9412	9001	4.6	0.8
23	食品工业的残渣及废料；配制饲料	8608	7071	21.8	0.7
94	家具、寝具等；灯具；活动房	8105	8084	0.3	0.7
44	木及木制品；木炭	7637	7300	4.6	0.6
52	棉花	7018	6199	13.2	0.6
47	木浆等纤维状纤维素浆；废纸板	7013	6424	9.2	0.6
22	饮料、酒及醋	6670	6052	10.2	0.5
21	杂项食品	6602	6368	3.7	0.5
以上合计		1082767	988893	9.5	87.2

资料来源：中国商务部。

第三章　贸易制裁

第一节　贸易制裁的特点和效果

贸易制裁是指一国通过其法律手段对他国采取强制措施以阻断双方进行经济和贸易关系的行为。就目前来看，贸易制裁的主要商品标的是钢材、纺织品、汽车零件、轻工产品，贸易制裁的主要发起国家是美国。到目前为止，全球有超过 50 个国家遭遇过美国程度不等的贸易制裁。

公元前 432 年，古希腊政治家伯利克里颁布《麦加拉法令》，通过法令手段禁止麦加拉法商品进入雅典市场，这可以说是贸易制裁的开端。“一战”后，各国生产力不断提高，经济贸易联系不断加深，各国间的贸易竞争不可避免，贸易制裁成为一种“文明”的解决贸易争端的方式。除上述形式外，贸易制裁还发生在以下几种场景：当一国政策的实行影响到他国经济利益时，利益受损国采取贸易制裁来阻止政策的实行，以保护本国利益；当一国政策违反国际准则时，贸易制裁以一种惩罚的方式出现；当社会主义与资本主义的意识形态产生冲突时，贸易制裁作为维护战略优势的方式出现，此情况为传统的贸易制裁使用范围。

贸易制裁的方式主要包括进口抵制和出口禁运。进口抵制是指抵制对方国家的产品进口，迫使其产品出口至其他国家。出口禁运则是禁止本国产品向对方国家出口，使对方国家不得不另寻国家进行该产品的进口。两者分别从不同角度阻断双方的贸易关系。

贸易制裁的作用和影响主要包括以下几点：

（1）表明政府立场，减少社会舆论对国家的压力，迎合大众。当本国某项产品的市场占有率远远低于他国时，会引起社会的恐慌，此时政府通过贸易制裁的方式能有效减少他国的市场占有率，安抚民心。

(2) 贸易制裁是一种相对“文明”的处理纠纷的方式，能有效减少军事方面的冲突。但是，贸易制裁对发起国也有不利的影响，刘峰在《美国对华贸易制裁的效力分析》一文中用计量的方式明确说明了贸易制裁只能对当期产生影响，制裁效果无法持续甚至会产生贸易补偿，加之贸易报复带来的后续影响，贸易制裁弊大于利，其主要影响第三方获利。另外，制裁发起国的出口厂商、民众和其在被制裁国内进行生产的厂商的利益也均会受损。对于制裁发起国的出口厂商来说，进口抵制和出口禁运会在一定程度上影响其产品的出口数量，从而使其利益受损；对于普通民众来说，进口抵制政策的实行，使其不得不用更高的价格来换取同等质量的产品，同样的价格意味着较低的产品质量，大大降低了生活质量；对于在被制裁国家内进行产品生产的厂商来说，制裁发起国的贸易制裁必定会使其在生产运营过程中受到被制裁国家的种种限制，如果其产品的主要出口国为贸易制裁发起国，进口抵制的政策又会大大影响其主要的获利模式，对其产生不可扭转的影响。

上述贸易制裁的作用和影响主要取决于双方贸易规模、制裁标的的供求弹性和被制裁国家的经济规模、发展水平。双方贸易规模较大，则贸易制裁的影响也较大。同样，制裁标的的供求弹性越大，其贸易制裁的影响也越大。贸易制裁给发达国家带来的影响远小于对发展中国家的影响，其主要包括三方面原因：一是发达国家的外汇储备较多，面对制裁有更多的解决方法；二是发达国家出口产品的形式相对多样，某项产品遭受制裁的负面影响可以用出口其他产品所带来的收益进行抵消，而发展中国家一旦其主要出口产品受到贸易制裁，其经济将会受到较大的打击，如 OPEC 国家以石油出口为主要获利方式，一旦石油受到贸易制裁，而其他产品的出口又远远不能抵消贸易制裁带来的负面影响，其经济发展必定受到阻碍；三是发展中国家由于自身的经济实力和世界影响力较弱，进行贸易报复的可能性或报复的影响力都较低。

近年来，贸易自由化成为经济发展的主要推动力，但是以美国为发起国的贸易制裁数量却不断增加，究其原因，主要是世界经济不景气、贸易摩擦增加和以中国为首的贸易大国的崛起促使美国采取贸易制裁来保护本国产业。

从图 3-1 中我们可以看出，2008 年经济危机发生之后，2009 年的世界经济在近 20 年内首次出现负增长，增长率为-2.05%，世界经济增长率在 2010 年达到 4.07%之后，增速明显放缓，2011~2016 年世界经济的增长率分别为 2.85%、2.22%、2.28%、2.54%、2.62%和 2.24%，相较于 2007 年及更早年份约为4%的增长率来说，增长速率明显放缓，可见经济危机对世界经济带来了极大的负面影响。在此背景之下，各国为了保护本国 GDP 的长期稳定的增长，纷纷采取了贸易保护措施。

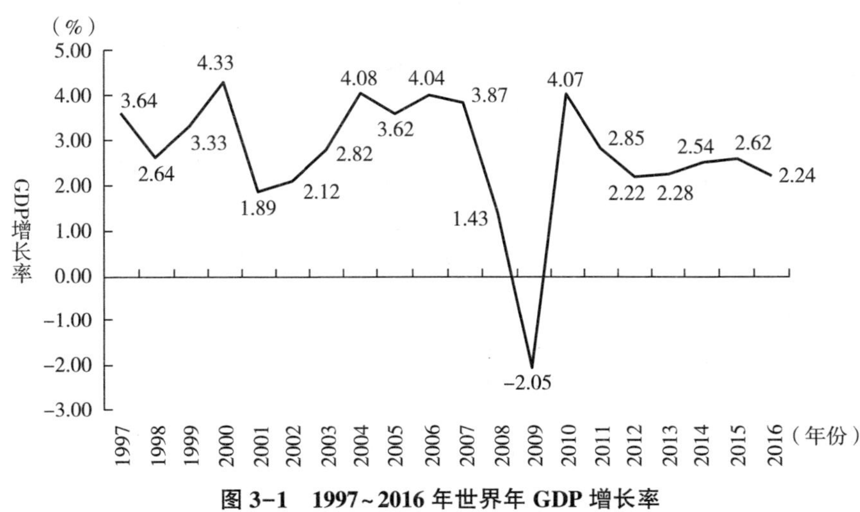

图 3-1　1997~2016 年世界年 GDP 增长率

资料来源：http：//unctadstat. unctad. org/wds/TableViewer/tableView. aspx? ReportId = 109.

由表 3-1 可知，从 1997 年开始发展中国家经济增长的速度远远高过发达国家的经济增长率，且与发达国家增长率之差逐渐增大，显著的经济增长速度之差不免会引起发达国家的不满。随着发展中国家经济发展速度的提高，其在世界经济中的地位及话语权也随之提高，出于保护本国在世界经济中的话语权和本国经济平稳增长的立场，以美国为首的发达国家逐渐举起贸易保护的大旗，贸易制裁也随之发生。

表 3-1　1997~2016 年发达国家与发展中国家年 GDP 增长率对比

单位：%

年份	1997	1998	1999	2000	2001
发展中国家	5. 43	2. 06	3. 58	5. 85	2. 83
发达国家	3. 22	2. 94	3. 22	3. 81	1. 54
年份	2002	2003	2004	2005	2006
发展中国家	4. 43	5. 39	7. 35	6. 79	7. 52
发达国家	1. 41	1. 97	3. 02	2. 57	2. 80

续表

年份	2007	2008	2009	2010	2011
发展中国家	7.87	5.09	2.69	7.75	5.94
发达国家	2.39	0.02	-3.64	2.60	1.52
年份	2012	2013	2014	2015	2016
发展中国家	4.91	4.71	4.23	3.95	3.67
发达国家	1.02	1.20	1.82	2.19	1.62

资料来源：http：//unctadstat.unctad.org/wds/TableViewer/tableView.aspx？ReportId=109.

图 3-2 是 1997~2016 年 20 年内亚洲发展中国家的年 GDP 增长率，与表 3-1 相比不难发现，亚洲发展中国家的经济正在飞速增长，逐步成为世界经济发展的中坚力量。发展中国家较快的发展速度也不免引起发达国家的恐慌，为避免军事冲突，贸易制裁成为发达国家保护自身经济增长的主要方式。

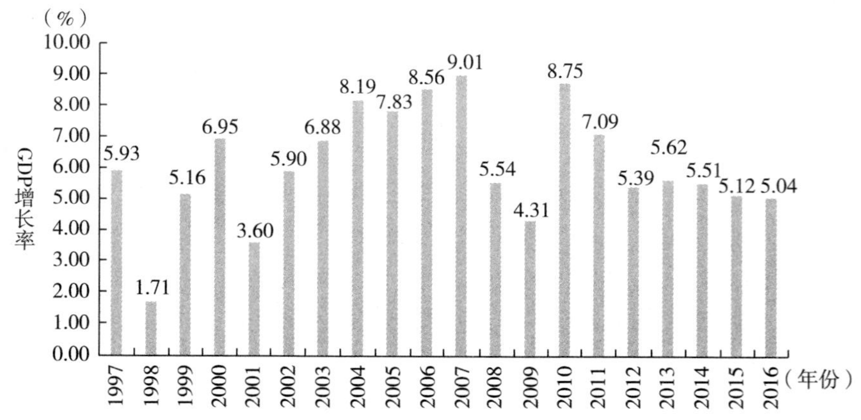

图 3-2 1997~2016 年亚洲发展中国家年 GDP 增长率

资料来源：http：//unctadstat.unctad.org/wds/TableViewer/tableView.aspx？ReportId=109.

在此，我们主要介绍美国的贸易制裁方式：201 条款和 301 条款。201 条款规定，如果美国国际贸易委员会裁定某物品正以迅速增长的数量进入美国，以致成为对生产与进口相同物品或直接竞争物品的国内生产造成严重损害或严重损害威胁的实质原因，在权限内总统应根据本条款采取适当可行的、其认为会促进国内产业对进口竞争进行积极调整、提供比成本更大的经济和社会利益的措施。该条款表面上是一种补救措施、一种特殊情况，即对一国在履行协定时对本国产生的影响所实行的弥补，此情况下免除其责任义务的特殊情况。但实际上，其是美国单边主义的体现，该条款与反倾销法规不同的是：反倾销法规定当某一国家某一项产品的出口违反国际贸易法规时，反倾销法生效；而201条款则是美国国际贸易委员会确定该项产品对美国经济产生破坏性影响时即启动，赋予了美国总统和美国国际贸易委员会极大的权力，一旦其将某一产品列入201条款调查范围内，产品出口国就必须按照美国的规定及法律在特定的时间段内与美国进行谈判，美国在此时就可利用自己在世界经济中的霸主地位"逼迫"对方国家进行和解，如果双方无法达成一致意见，美国就会采取报复性行为。迫于美国的压力，多数国家都会妥协，从而减少自己的贸易利益。美国这一做法违反了《关税及贸易总协定》和《保护措施协定》所规定的内容，其关税的提高幅度远远超过规定内容的"补救措施在必需的程度内"。同样，201条款违背了非歧视原则和发展中国家的优惠待遇原则，换句话说，201条款主要是针对以中国为首的发展中国家，特别是钢铁进出口方面。201条款一味地提高中国等发展中国家的关税税率，而将钢铁出口率远远高于中国的加拿大和墨西哥排除在外，放任其对美国的出口，用打击他国的方式来弥补由于本国钢铁行业的生产率较低导致进口带来的损失。301条款与201条款有相同之处，即一旦由美国单方面认定某一国家有阻碍贸易自由化进程发展的行为或其有大量仿制美国音像、计算机软件等知识产品从而影响美国经济利益的行为后，该国就必须按照美国的要求，在一定时间内开放本国市场或与美国进行协商、和解，否则美国将会采取报复性行为。301条款先后通过《1974年贸易关税法》《1984年贸易和关税法》和《1988年综合贸易与竞争法》规定了报复依据、范围和力度，确定了其主要目的在于维护美国的霸主地位。301条款同样具有单边主义色彩：301条款的适用范围和地域较广，即该条款可在美国货物贸易、服务贸易、经济利益在本国内、对方国内和第三方国内受损时使用；条款的报复手段较多、报复速度较快，与201条款相似，一旦双方没有在规定的时间内达成协议，美国单方面会采取多样的报复方式，且其报复可以在多边贸易争端解决机制实施前进行；301条款的应用可以在美国受到实质性损害之前，即在美国经济利益尚未由于他国政策而受到实质性损失但美国单方面认为其会对美国造成损害时即可启动301条款，这也是美国霸权主义的主要体现。

201条款和301条款的主要影响有以下几方面。首先，201条款对于被制裁国来说，强迫它们开放本国市场或向美国妥协必定会使该国的经济发展速度减缓，减弱其在世界经济市场的竞争力，从而影响该国产品的生产运营。同样，301 条款的实行逼迫日本、欧盟等国家向美国开放国内市场，亚洲新兴国家如泰国、韩国等也向美国开放本国市场。可以说，201 条款和 301 条款对于被制裁国来说，只有负面影响，这再一次体现了美国这两项条款的单边主义性质。其次，对于发起国美国来说，就 201 条款主要涉及的钢铁领域来看，对方国家的妥协和让步虽为本国钢铁行业的发展赢得了时间，但从另一个角度来看，201 条款的实行使美国钢铁行业的消费者不得不付出更高的钢铁使用成本，这对于以钢铁为主要原料的生产商来说，其生产成本必然会有所增加。高生产成本会进一步影响产品在国际市场的竞争力，影响美国的经济发展。有经济学家统计过，对钢铁的进口征收高关税，虽会增加钢铁行业的就业率，但会造成钢铁行业消费领域更高水平的失业率，在就业方面，美国可谓得不偿失。最后，美国作为世界经济的领导者，其一举一动都会受到世界的关注，201 条款和 301 条款是美国利用其经济霸主地位创造出的不平等条款，对贸易自由化的进程有严重的阻碍作用，在各国都推行贸易自由化的今天，美国的逆贸易自由化举措显得格格不入。除了贸易制裁外，美国的逆贸易自由化还体现在各个方面，例如以保护环境为由设置绿色贸易壁垒，降低了高碳产品在美国市场的竞争力；推行“再工业化”使多个生产厂商重回美国生产、美国零售商沃尔玛逐步增加对美国制造产品的销售；更高频率地应用反倾销法使多个国家对进入美国市场更加犹豫不决。美国的逆贸易自由化举措在一定程度上限制了其他国家进入美国市场的步伐，在保护本国经济的同时也阻碍了世界经济的发展。

第二节　美国对俄罗斯的贸易制裁

美国近两年对俄罗斯进行贸易制裁的导火索是乌克兰危机。在乌克兰内部，约 1/3 的居民说俄语，主张加强与俄罗斯的经济来往，而约 2/3 的公民则主张与欧盟强化经济合作，其领导成员内部也分为亲俄派和亲欧派，两派领导人及其居民相互视为敌人，若一方宣布深入与俄罗斯或欧盟的合作，另一方领导和公民必将对此进行抗议。2013 年 11 月 21 日，时任乌克兰总统的亲俄派代表人亚努科维奇对外宣称放弃一份与欧盟加深贸易关系的协议，在之后的一个月内，亲欧派人民纷纷发出抗议，要求继续加强与欧盟的贸易关系并表达出希望亚努科维奇下台的想法，2014 年 2 月亚努科维奇被迫交出政权。2014 年 3 月，乌克兰内部的独立国家克里米亚宣布加入俄罗斯联邦，以美国为首的西方国家认为有关克里米亚是否加入俄罗斯联邦的公投受到俄罗斯操控，遂开始对俄罗斯发起制裁，美国在第一时间冻结了 11 名俄罗斯官员在美国的资产、限制美国与克里米亚天然气公司的交易、禁止美国与俄罗斯能源行业进行有关知识产权的交易等，欧盟跟随美国的脚步随即也对俄罗斯进行制裁，剥夺包括俄罗斯联邦银行在内的五家银行在欧洲的金融业务、禁止向俄罗斯提供能源类高新技术设施。直至今日，欧美仍然没有停止对俄罗斯的制裁，2018 年 1 月 11 日，美国财政部长 Steven Mnuchin 宣布对九家实体和 21 个个人进行制裁，就乌克兰和克里米亚事件对俄罗斯施压。

面对制裁，一向强硬的俄罗斯随即做出反击。针对冻结俄罗斯官员在美国的财产这一制裁，俄罗斯给出清空美国国债的回应，同时放弃美元作为国际储备，拒绝偿还贷款；针对美国不再向俄罗斯出口高科技产品的制裁，俄罗斯表示将禁止美国使用俄罗斯的火箭发动机，其境内美国 GPS 信号传输站也将被停止使用。同样，俄罗斯宣布禁止从波兰进口大量水果、蔬菜，禁止从美国、挪威等国家进口肉类、乳制品等农副产品作为对欧盟制裁的反击。针对乌克兰，俄罗斯禁止其航空公司进入俄罗斯领空。但值得注意的是，俄罗斯与欧盟相互的贸易制裁都避开了能源进出口，这也是欧盟与美国制裁俄罗斯的不同所在。究其原因，美国能源的进出口对俄罗斯的依赖较少，而欧盟与俄罗斯间的能源进出口对俄罗斯来说是重要的外汇来源之一，俄罗斯每年约有一半的能源出口至欧盟国家，对于欧盟北部成员国来说，从俄罗斯进口能源是其度过寒冷天气的保障，一旦俄罗斯限制对欧盟国家的能源出口，大部分国家就必须采用工业用气或寻找其他替代能源，这在无形中就增加了用气成本。欧盟在能源方面的开发能力有限，加之地理位置的限制，其短时间内还无法找到能替代俄罗斯进行能源交易的内部成员国，而俄罗斯近年来不断加强管道建设并将其业务扩展到能源服务和能源产品加工上，在能源方面的优势越来越明显。正因为双方都深知将能源进出口列入制裁范围对双方都不利，反而美国会就此获利，所以俄罗斯与欧盟才“默契”地做出相似的制裁处理决定。

在乌克兰危机事件上，美国、欧盟与俄罗斯间相互制裁的力度都较大。美国、欧盟对俄罗斯能源方面的控制会极大地削弱俄罗斯开发能源的能力、限制其在美国境内的资产和金融行为也会限制俄罗斯的资产供应，这对于主要依靠能源出口的俄罗斯来说打击甚大，这一点从卢布币值的不断下降中可以看出。俄罗斯对美国和欧盟的反击也对这两大经济体造成了较大的影响，美国将遭受资产和技术开发的双重损失；波兰对俄罗斯有着极大的依赖性，其水果、蔬菜等将各有约 8%出口至俄罗斯，俄罗斯的进口限制无疑将对波兰的经济造成打击，其境内生产厂商也面临失业的可能。至于对乌克兰的制裁，其航空公司的经济损失约为 10 亿美元，这直接对乌克兰的 GDP 产生了极大的影响，2011~2016 年乌克兰 GDP 的增速分别为 5.5%、0.2%、0.0%、-6.6%、-9.8%和 2.3%，可见乌克兰遭受制裁后经济发展速度有较明显的减缓。

对于俄罗斯来说，克里米亚进入俄罗斯联邦后将增加俄罗斯政府的支出，包括居民就业和养老等各个方面，其经济支出将会给俄罗斯政府造成较大的负担，俄罗斯内部政权也需要做出较大的调整，既然如此，俄罗斯政府为何还要在欧美的强烈反对下将克里米亚纳入境内呢？克里米亚是俄罗斯黑海战略的重要一环，将克里米亚纳入俄罗斯标志着俄罗斯对黑海、地中海的控制力正逐渐加大。另外，俄罗斯内部人民对此表示支持，这也直接为时任总统的普京获得了更高的民众支持率。综上，即使面临被欧美制裁的危险，俄罗斯领导人也选择将克里米亚纳入俄罗斯联邦。就制裁发起方欧盟、美国来说，制裁是由于它们认为克里米亚脱离乌克兰加入俄罗斯是受到了俄罗斯军事力量的影响，俄罗斯有意挑起乌克兰东部的争端，使克里米亚出于保证人民人身安全和生活质量的考虑选择加入俄罗斯联邦。直至今日，美国仍然不承认克里米亚属于俄罗斯，认为俄罗斯的行为是乌克兰领土完整性遭到破坏的主要原因，于是对俄罗斯进行制裁并极力维护乌克兰的领土完整，欧盟对此表示支持。另外，乌克兰是俄罗斯与欧盟进行能源交易的必经之路，也是欧盟与俄罗斯间的“安全屏障”，可见无论是地理位置还是其在贸易中起到的作用，乌克兰对俄罗斯和欧盟来说都是极其重要的。在克里米亚加入俄罗斯之前，俄罗斯极力与乌克兰内部的亲俄派人民沟通，欧盟也对俄罗斯内部的亲欧派人民实施帮助，双方在乌克兰归属上的纠纷不断。克里米亚宣布加入俄罗斯对欧盟在国家安全和贸易战略选择等方面造成了较大的影响，因此，欧盟对俄罗斯在乌克兰附近的军事行为表达了强烈的不满并对俄罗斯实施制裁。除了表面上的原因，我们还可以分析出美国以克里米亚事件对俄罗斯进行制裁的另一大原因：保护其在世界上的政治经济霸主地位。现如今，俄罗斯的发展速度虽不及中国等新兴国家，但也与美国等西方国家的经济增长速度相近，加之其领土面积巨大且与中国友好，与中国联手必会对美国造成巨大的威胁。克里米亚加入俄罗斯后，俄罗斯的能源输出效率和领土面积再一次提高扩大，间接促进了俄罗斯对外贸易的发展，俄罗斯的壮大对美国经济发展和国际地位的不利影响使美国不得不对俄罗斯进行制裁，但由于俄罗斯与美国的贸易份额较低，而欧盟与美国的政治思想相近，双方也多次在历史上采取类似的措施，在克里米亚事件发生后，美国鼓动俄罗斯主要的贸易合作伙伴欧盟对俄罗斯发起制裁，间接帮助美国维护了其在世界上的霸主地位。

但就像我们之前提到的，欧盟短期内还无法在能源出口方面找到能替代俄罗斯的国家，那么，欧盟是否能持续地对俄罗斯进行高强度制裁以帮助美国维护其霸主地位就值得商讨。2014 年 9 月，欧盟宣布将俄罗斯三大能源巨头列入制裁范围，就克里米亚问题对俄罗斯进行进一步的制裁。这是因为，欧盟国家当时的能源储备量达到历史最高的 7316796 万立方米，而俄罗斯对欧盟输送天然气的数量却达到历史新低，从表面看来欧盟似乎能继续与美国联手对俄罗斯进行制裁，但实质上，俄罗斯本土分析师曾说："2014 年 4 月至 5 月，欧盟加大对俄罗斯天然气的进口量，这是其现在高能源储备的关键所在。"也就是说，现阶段欧盟虽然有大量的天然气储备，有资本对俄罗斯能源巨头做出制裁，但其能源储备在进口逐渐降低的情况下能否保证其在冬季对欧盟北部国家的天然气供应，从而避免出现部分国家采取工业用气取暖的情况仍然值得商榷。如果气温骤降，对天然气的需求明显加大，欧盟对俄罗斯的制裁力度便会马上降低，如果俄罗斯在欧盟急需天然气之时对欧盟进行能源方面的出口限制，欧盟国家必将受到重大的影响。另外，欧盟加大对俄罗斯的制裁力度，间接提升了中国与俄罗斯扩大能源贸易的可能性，俄罗斯遭受制裁时，中国政府必定会对其进行帮助，在保护俄罗斯经济的同时维护双方友好的外交关系。综上，在中国的帮助和俄罗斯自身的调整下，俄罗斯的经济状况并不会受到大面积的影响，反而加强对俄罗斯的制裁会使欧盟国家在急需能源时不知所措，由此我们可以推断，欧盟国家会为了保证乌克兰领土完整和自身利益继续保持对俄罗斯的制裁，但由于其对俄罗斯贸易的依赖性较强，对俄罗斯的制裁力度会出现下降的趋势。

与欧盟国家相比，美国与俄罗斯的贸易交往较少，这也是其至今仍对俄罗斯进行高强度制裁的原因。2017 年 3 月 16 日，在克里米亚公投宣布加入俄罗斯后的第三年，美国国务院发言人马克·特纳再次表示美国将继续对俄罗斯进行制裁，直至俄罗斯将克里米亚主权还给乌克兰，俄罗斯对此表示不接受，双方在此问题上一直无法达成共识，制裁也一直持续至今。克里米亚事件发生后，美国对俄罗斯的制裁效果并不明显，这与双方的贸易依赖度较低有关，而与俄罗斯有密切合作关系的欧盟出于自身利益也不便对俄罗斯实施较大力度的制裁，导致制裁持续至今。同时，由于三方都对此案件有坚定的立场，相互间的制裁短时间内还不会停止。

第三节　美国对古巴的贸易制裁

提到美国对古巴的贸易制裁，就不得不提到1996年美国颁布的《赫尔姆斯—伯顿法》，即《1996年古巴自由和民主声援法》，这是1992年美国推出《托里切利法》之后又一大旨在封锁古巴经济发展的法律，也是使古巴经济发展落后的主要原因。

20世纪60年代之前，美国几乎控制了古巴的经济命脉，扶植的巴蒂斯塔亲美独裁政府，让美国的资本大量渗透到古巴，控制了古巴25%的银行存款、40%的制糖业、50%的公用铁路、75%的农业、80%的畜牧业、90%的采矿业和100%的石油工业。卡斯特罗领导的武装革命推翻独裁政府后，实行经济国有化政策，征收并接管美国的公司，引起美国的强烈不满，于是开始对古巴进行经济制裁，并逐步加大制裁力度。

美国为了推翻卡斯特罗政权，从1959年底开始对古巴实行军事威胁和贸易禁运，停止了向古巴的一切援助并将禁运范围拓展到美国海外的子公司。从单一几个商品的配额管制到全面贸易制裁；从海上贸易封锁到冻结古巴在美国的所有财产；从单一针对古巴的贸易制裁到与古巴有贸易往来的第三国，再到具体的公司高管、股东、亲属等，甚至是阻挠古巴加入国际金融机构。1962年，美国又先后禁止了一切与古巴的贸易往来和两国间的旅游行业、冻结了古巴在美国的一切资产。与此同时，美国还利用自己经济霸主的地位向美洲国家组织施压，使美洲国家组织在1962年将古巴移出该组织并于1964年和1967年两次对古巴实施经济制裁。1977年，美苏关系稍有缓和，古巴作为苏联主要的援助国家之一，与美国的关系也渐渐缓和，美国放开对古巴的旅游限制，允许两国间的航班恢复运营并同意就相关政策进行协商。但二十几年后，尼加拉瓜和格拉纳达的共产党起义，再次让“反共”的美国政府加大了对古巴的经济制裁，里根政府禁止了一切与古巴的商务旅行，双方的谈判也陷入停滞。

在此期间，苏联对古巴的援助金额高达230亿美元，这也是古巴经济能继续维持的主要原因，但在1991年以后，俄罗斯对古巴的援助逐年减少，这也导致了古巴的进口额从1989年的81亿美元锐减至1992年的23亿美元，进口的不足直接影响了古巴的国内生产总值，相较于1989年，1993年古巴的GDP下降35%，严重影响了古巴的经济发展。

20世纪90年代中后期，欧共体国家与古巴的关系日益紧密，加拿大、墨西哥等国也加强了对古巴的投资与合作，到20世纪90年代中期，美国的主要贸易伙伴如加拿大、墨西哥和欧盟国家与古巴的贸易份额已经占到古巴对外贸易的90%以上。其他国家与古巴日渐亲密的往来使美国封锁古巴经济的效力逐渐降低，要达到限制古巴经济发展的目的，美国必须说服其他国家停止与古巴的经贸往来，然而想要其他国家放弃已有的经济利益来协助美国达到封锁古巴经济的可能性几乎为零。在此背景之下，美国提出《赫尔姆斯—伯顿法》，内容是加强对古巴的国际制裁；支持建立“自由和独立的古巴”；主张美国国民有权向美国法庭起诉与被古巴政府没收财产有牵连的外国人；美国政府有权拒绝向与被没收的美国财产有牵连的外国人发放签证，这是一个针对第三国的不公平法律。该项法规特别是最后两条一旦实行，必将会引起古巴贸易国的反对甚至报复，美国国务卿克里斯托弗也对此点进行了深入的考虑，曾劝美国总统否决该项法案，然而古巴击落美国两架海盗飞机，迫于舆论的压力，美国政府不顾其实行后的影响，认可了该项法律。1996年3月12日，克林顿总统签署该法案，自此，美国政府对古巴经济体的冲击再次掀起高潮。

意识形态的巨大差异是导致美国对古巴实施制裁的原因之一。古巴革命结束后，古巴政府没收了部分美国在古巴的财产，美国随即要求古巴政府返还该部分财产，尽管古巴政府也同意与美国进行交涉，但双方意识形态的冲突仍然让美国耿耿于怀，古巴政府没收美国财产只是美国发起经济封锁的借口，双方意识形态的冲突才是制裁的主要原因。

由于美国早年对古巴就实施了经济制裁，导致美国投资者和生产商无法进入古巴市场，少了美国这一强大的竞争对手，西班牙、法国等欧洲国家迅速与古巴政府取得合作，就连与美国同是北美自由贸易协定成员的墨西哥和加拿大也成为古巴进出口的主要合作国家，在本国贸易伙伴均转而投资古巴后，美国右翼政客提出《赫尔姆斯—伯顿法》，一方面表达了自己对合作伙伴的不满，另一方面也间接体现了其对在古巴贸易中少之又少的份额的不甘。此外，《赫尔姆斯—伯顿法》的提出和签署也受到了政治因素的影响。1996年是美国大选年，当时的总统克林顿是民主党派的候选人，而当时的国会参议院议长多尔则是共和党的候选人，两党为了争取更多的民主选票，就不得不在“维护美国国民权益”这一点上做文章，颁布《赫尔姆斯—伯顿法》就是赢得美国选民支持的手段之一。这一方法的效果在华盛顿得到展现，在1992年大选中，华盛顿州对克林顿的当选投出反对票，但是《赫尔姆斯—伯顿法》推出后，华盛顿州的选民倾向于支持克林顿。同时，苏联作为古巴政权的主要支持者，其与古巴极其密切的联系也使美国将美苏关系与对古巴的经济制裁结合起来。可以说，《赫尔姆斯—伯顿法》这一法案的推出有着经济、政治和意识形态冲突等多方面的原因。

《赫尔姆斯—伯顿法》的推出表面上是为了推进古巴的民主和自由，实则是为了夺回美国被古巴没收的财产，推翻卡斯特罗政权。该项法案得到美国政府认可后，无论是国际组织还是古巴其他的贸易伙伴，均对此提出异议，自此，美国与古巴的冲突扩展为美国与古巴及其贸易伙伴的冲突。

国际上，联合国成员纷纷对美国采取禁运一事提出反对意见，在法案提出的当年，就有138个联合国成员支持联合国对美国这一做法进行谴责，1998年这一数字上升至157。随着美国禁运对本国造成的损失越来越大，支持对这一法案进行谴责的国家也逐年增多。

古巴当时的主要合作伙伴加拿大、墨西哥和欧盟也对《赫尔姆斯—伯顿法》表示强烈不满，因为这项法案无疑是让它们放弃眼前利益而达到美国想要的效果。在法案签署后，三大经济体均对此表示谴责，其中加拿大和欧盟部分国家的谴责力度较大，墨西哥和西班牙等国迫于美国的压力，在提出对该项法案的不满后与美国进行协商。据估计，这一法案使墨西哥每年有超过4000万美元的损失。加拿大和欧盟部长理事会分别对《外国域外措施法》（*Foreign Extra-Territorial Measures Act*）进行修改并公布反对美国禁运的相关规定，两者均不承认按照《赫尔姆斯—伯顿法》在他国的判决、不认可《赫尔姆斯—伯顿法》的效力、对在美国按照《赫尔姆斯—伯顿法》受到判决的本国企业进行援助、对遵守《赫尔姆斯—伯顿法》的企业和个人进行惩罚。另外，欧盟还表示要将《赫尔姆斯—伯顿法》法案上诉至WTO。面对各方强有力的谴责，美国为保证自己的权威，先后四次起诉与古巴合作的加拿大Sherritt公司、意大利STET公司、墨西哥Domos和Cemex公司。面对诉讼和美国的压力，墨西哥两公司退出了在古巴的投资和合作；意大利STET公司则迫于压力接受了Domos公司所放弃的股份并向股东之一的美国ITT公司支付3000万美元，这笔补偿款在 1970 年被美国国外仲裁委员会判定为 ITT 和美国所有者所有，这一判决招致了古裔美国人（《赫尔姆斯—伯顿法》支持者）的强烈不满，因为就此看来，该项法案对他们毫无利益可言，同样，意大利 STET 公司向美国支付 3000 万美元就能继续在古巴进行投资的决定也被看作是违反原则的交易，使美国再次成为众矢之的。

在欧盟和社会各界的谴责下，美国为了保护其在世界中的地位，与欧洲代表进行协商，最终双方达成“共同纪律原则”：欧盟将组织利用没收的款项进行投资并停止政府对该类投资的援助，美国则取消对欧盟公司的签证限制。《赫尔姆斯—伯顿法》的效力也随着原有支持者推力的逐渐减少和各国间的协商妥协而逐渐降低。1998 年 4 月，克林顿恢复美国与古巴间的航班并于 1999 年开始放松对古巴的禁运。

美国的经济制裁对古巴产生了极大的影响。美国的经济封锁导致其损失了近 600 亿美元。据古巴政府统计，单是 1998 年一年，美国的制裁就给古巴带来了高达 8 亿美元的额外成本，其中包括运输、信用、外币兑换等成本。

总的来说，《赫尔姆斯—伯顿法》的签署和实行的确对古巴的经济产生了较大影响，减缓了其经济发展的速度，也间接推翻了卡斯特罗的政权，在一定程度上达到了原定的目标。但从另一个角度考虑，凭借美国产品的竞争力，想要在古巴进出口贸易中占据大部分份额绝非难事，而禁运法令的颁布又使该部分份额被欧盟、加拿大等拉美国家分得，单是贸易这一方面，美国就损失了近 30 亿美元，加之投资方面的损失，《赫尔姆斯—伯顿法》的签订至少给美国带来 40 亿美元的经济损失。同时，该项法律同样不适合贸易自由化的推进。美国一直以来都推行多边贸易机构的争端解决机制，在古巴尚未对其产生实质性影响时，美国的此项针对第三国的法案严重影响了其原有的争端解决机制，作为经济强国，利用本国在世界中的经济地位来限制他国的经济发展这一举措并不可取，也在一定程度上影响了世界范围内贸易自由化的进展。除此之外，这一法案造成的政治影响同样不容忽视。《赫尔姆斯—伯顿法》颁布后，一向以温和外交著称的加拿大也对此表示不满，欧盟、拉美等国家也对此法案进行谴责，各国纷纷发布声明或法律来表明自己的立场，加剧了美国与其他国家间的利益冲突。同时，这项看似维护美国人民权益的法律也引起了美国内部的冲突。在对被古巴没收的财产的处理上，美国规定在没收时不属于美国国籍和公司内美国股份占比小于 50%的个人和公司不适用于该法律，但赫尔姆斯则认为该项法律应当适用于全体美国公民，无论其财产被没收时的国籍是否是美国。

赫尔姆斯的这一想法在美国国内引起了不小的争议，财产被没收时就是美国国籍的公民认为，《赫尔姆斯—伯顿法》应当专为他们所适用，整体来看，《赫尔姆斯—伯顿法》颁布后美国在国内和国际上都面临着较大的压力。

《赫尔姆斯—伯顿法》的颁布是目前美国对古巴实行的最严厉的制裁，在避免军事冲突的情况下对古巴进行制裁，在一定程度上打击了古巴的经济发展，但也给美国带来了巨大的经济损失，扩大了美国与贸易伙伴国间的冲突，阻碍了贸易自由化的进程，同时影响了美国在国际组织中的领导者地位。

第四节　美国对其他国家的贸易制裁

（一）美国对伊朗的制裁

美国制裁伊朗的直接原因是其研制的核武器对世界环境形成了威胁。

伊朗发展核能的历史可以追溯到巴列维王朝时代，当时借助美国等西方国家的支持，伊朗在核能研发方面有较大的进展，然而 1979 年爆发的伊朗伊斯兰革命使伊朗布什尔核电站被毁，伊朗与美国的关系也趋于恶化。伊斯兰革命后，美国对布什尔核电站的重建施加压力，就此停滞了伊朗发展核能的脚步。失去了美国的帮助，伊朗被迫求助于俄罗斯，在俄罗斯的帮助下伊朗的核能建设得以继续发展。在明知伊朗的核能建设是为了民用的情况下，美国仍对伊朗进行了较轻程度的制裁，这是美国制裁伊朗的开端，美国与伊朗的关系也进一步地僵化。2003 年伊拉克战争后，伊朗主动与美国进行协商，签订《不扩散核武器条约》附加议定书并承诺配合国际原子能组织对其的调查。2004 年，国际原子能组织声称伊朗并未完全配合调查，为了避免这一事件的扩大，英国、法国和德国与伊朗协商后，伊朗同意签署《巴黎协定》，宣布停止继续研发铀浓缩，及时缓解了紧张的局势。

然而在 2005 年，内贾德任总统后对外宣称不会履行《巴黎协定》的相关义务，将继续进行铀浓缩研发并利用其进行军演，此举大大加剧了紧张局势。对此，英国、法国、德国、美国、中国和俄罗斯六国（P5+1）提出了解决方案但被伊朗拒绝，伊朗问题再度深化。2006 年开始，联合国对伊朗进行了多项制裁以使伊朗停止核能研发，美国也在联合国制裁的基础上继续对伊朗进行限制，从石油贸易和金融两方面限制伊朗的经济发展，同时敦促中国、日本等亚洲国家加大对伊朗贸易的限制，但伊朗对此不为所动，反而继续加强了对铀浓缩技术的研发。面对伊朗的强硬态度，美国继续加大制裁力度，2011 年美国公开《2012 财政年度国防授权法》，旨在加强伊朗银行的金融制裁。在此基础上，2012 年美国将制裁扩展到外国金融机构，在世界范围内限制伊朗的金融行为。另外，美国还切断伊朗国际电子银行网络“环球同业银行金融电讯协会”（Society for Worldwide Interbank Financial Telecommunications，SWIFT）的业务。SWIFT 为世界多家金融机构提供交易服务，缺少 SWIFT 这一渠道，伊朗的贸易支付则无法完成，这直接影响了伊朗贸易的成交量。除宣布制裁措施外，美国在 2012 年还对伊朗国家石油公司、伊朗中央银行等为伊朗提供资金支持的个人和企业实施制裁。2013 年，美国再次加大制裁力度，提出限制伊朗贵金属、钢铁等贸易，并限制伊朗进行易货贸易。在美国重压和伊朗政权变更的影响下，2013 年伊朗放弃部分核计划，西方国家就此放松了对伊朗的管制。最终，《联合全面行动协议》2015 年在英国、法国、德国、美国、中国和俄罗斯六国间签署，伊朗按协议降低铀浓缩的浓度，各国也对伊朗放松了制裁。就在伊朗局势逐渐变得明朗的情况下，2017 年 10 月美国财政部官员对外宣称美国将有可能对伊朗进行新一轮制裁，而原因仍是伊朗核武器的研发会对世界安全造成威胁。结合当下环境来说，占据中东地区霸主地位的以色列地域狭小，无法抵御来自他国的杀伤性武器，因此，中东各国纷纷加强核武器建设，以求在中东地区占据主动地位。由此看来，伊朗加强其国内的核建设无可厚非，但其目的也并非是美国所咬定的威胁世界和平，美国如此迅速地对伊朗加强核武器建设做出回应也间接体现了其对伊朗核实力的畏惧，但身为世界强国，不断利用自己的地位，对未对世界形成威胁的国家进行制裁显然不符大国风范。

就制裁原因来看，除了表面上的维护世界和平，当然还有美国的私心。第一，对伊朗的核制裁有助于美国保证其在核能方面的垄断地位。除伊朗外，美国也在研制核武器，随着恐怖主义的威胁逐渐变大、中东国家核能研发力量的崛起，美国不免对自己核能垄断的实力产生怀疑，此时对核能研发国进行制裁有利于保持美国在核能研发方面的垄断优势。第二，对伊朗进行制裁有利于美国间接控制亚洲大部分国家的石油来源，除美国等发达国家外，中国、韩国、印度等新兴经济体对石油的需求量也较大，而伊朗是亚洲大部分国家的主要石油输出国，限制伊朗的石油输入也就相当于限制了中国等新兴经济体的石油来源，这加强了美国对新兴经济体的控制。第三，由于大部分石油交易以美元计价，为降低美元对石油贸易的影响力，中国、印度等国家纷纷与伊朗在石油开发方面进行合作，各方均以欧元为交易货币，借此打击美元在石油贸易中的地位，美国对伊朗发起制裁也有利于阻碍其与中国等国的合作，从而降低以欧元交易的石油贸易数量，维护美元在石油贸易中的地位。

就美国制裁伊朗的影响来看，可以说此次制裁达到了美国想要的结果。在美国不断施加压力的情况下，中国、韩国、印度、日本等亚洲国家纷纷减少与伊朗的交易，平均减少幅度为20%，与伊朗的合作项目也被迫停止，包括中国石油天然气集团的石油开发项目和海上气田项目，间接影响了伊朗的石油输出效率，降低了其在世界市场的竞争力。除上述国家外，为避免受到牵连，欧盟成员国、拉美地区的国家也纷纷减少对伊朗的石油进口，荷兰皇家壳牌、马来西亚国家石油公司、法国道达尔公司和英国BP等公司陆续撤出伊朗，这对于以石油收入为主要外汇收入的伊朗来说无疑是巨大的打击。据统计，在制裁前伊朗石油外汇占外汇总收入的85%，占其政府总收入的70%。可以说，单就限制伊朗石油出口这一项制裁来说，对伊朗经济的打击就是巨大的，使其外汇收入下降至原来的一半。在石油出口被限制之后，伊朗内部迅速出现了通货膨胀的现象，加之社会对伊朗货币里亚尔的预期有所下降，里亚尔贬值的幅度超过40%，导致持有大量里亚尔的伊朗人民开始大量购入黄金、外汇等，伊朗内部低收入人群的生活质量直线下降，大部分石油生产厂商面临着失业的危险，伊朗面临着内忧外患的局面。德黑兰世界贸易中心内部人员曾说："我们的经济就像一个没气的轮胎，永远无法超越这些制裁，我们还是需要进一步缓和与西方国家的关系。"美国此次对伊朗的经济制裁，全方位地阻断了伊朗经济发展的脉络，伊朗受到的影响是巨大的。

相比于美国对其他国家的制裁，此次制裁伊朗的手段并没有较大改变，但为何却达到了其想要的效果？我们将伊朗和朝鲜做对比，美国对伊朗和朝鲜进行制裁均是对其核武器研发不满，但结果却截然相反，伊朗向美国妥协，朝鲜则将拥核写入宪法进而形成"国家意识"，美国对此却没有更好的解决方法。究其背后的原因，主要是两国自主性的差距。朝鲜的自主性较强，面对制裁通过自身经济结构的改变能较快地解决问题，将制裁影响降到最低，这也是朝鲜敢于继续进行核研发的主要原因。与朝鲜相比，伊朗自主性明显较差，石油出口是其经济稳定和发展的保障，一旦掐断这一命脉，伊朗的经济将会受到明显影响，美国也正是看到了这一破绽，才从限制石油进口和阻断其在SWIFT中的交易进而破坏其贸易支付渠道两方面来限制伊朗的石油贸易，引发其社会动荡，从而顺理成章地控制伊朗。伊朗面对制裁，积极地对本国经济进行调整，宣布提高利率并禁止民众持有外币，有效地改善了民众对本国货币的预期，从而避免了里亚尔出现更大幅度的贬值。同时，伊朗政府实行多元化的货币体系，对低收入者和中高层级收入者分别采取不同的利率，以降低石油出口减少对低收入者的冲击，将大部分损失转移给中高层级收入者。除此之外，为保障国内低收入者的生活质量，政府在制裁期间的支出主要用于必需品的购买，同时对国内市场进行巡视，避免出现哄抬物价影响民众生活质量的行为。在石油交易方面，伊朗政府积极调整贸易支付渠道，在 2012 年与印度政府达成以卢比作为结算货币的合作，这一做法在一定程度上缓解了 SWIFT 停止为伊朗服务而带来的损失。与朝鲜相比，伊朗的调整力度较大，然而自主性的差距是产生不同制裁结果的主要原因。朝鲜作为自主性较强的国家，有自给自足的实力，相比之下，伊朗对其石油输出的过分依赖就成为伊朗最大的软肋，如果伊朗经济不减少对石油贸易的依赖，那么美国可能会再次故技重施，美国也将再次控制伊朗，进而影响伊朗贸易伙伴的石油输入。除了自主性不强这一主要原因，贸易制裁的结果还受到被制裁国的经济实力的影响。与中国、俄罗斯等国家相比，伊朗的经济实力较差，这也是美国敢于对其进行全方位经济制裁的原因。俄罗斯、中国自身的经济发展能力和与其他国家友好的外交关系使美国不敢肆无忌惮地对它们进行制裁，因为美国知道其经济发展并非仅受美国控制，其他国家会援助它们，一旦制裁力度过大，还可能受到报复，所以，伊朗经济实力较差也是其最终屈服于美国的原因之一。此外，伊朗的产品在国际上的竞争对手较多，其主要输出石油，但石油输出国较多，多数国家则不愿意为伊朗而得罪美国，伊朗势单力薄只能屈服于美国。

（二）美国对缅甸的制裁

2016 年 10 月 7 日，时任美国总统的奥巴马宣布终止《国家应急法》，解除美国对缅甸的金融制裁，至此，这场从 1988 年开始的持续了近 30 年的经济制裁落下帷幕。

美国对缅甸的制裁分为四阶段，始于 1988 年。缅甸军政府接管缅甸政权后，美国便对缅甸进行“有限”的经济制裁：对缅甸实行武器禁运；取消对缅甸的援助；取消缅甸高管及其家属的入境签证以及对缅甸实行的普惠制，以此来威胁缅甸军政府实施民主制。两年后，军政府不承认民主联盟获得大选胜利，拒绝移交政权，美国对此表示不满，双方矛盾再次升级，美国颁布《1990年关税与贸易法》，由总统对缅甸进行新一轮制裁。在美国的强压之下，缅甸政府释放了民主联盟主席昂山素季，但美国并不领情反而劝说在缅甸投资的国家撤资，双方僵持不下。随着美国对军政府压制民主联盟的不满的增强，第二阶段的制裁开始实行。1997 年，克林顿发布第 13047 号政令，禁止美国个人或公司向缅甸注入新资本。除此之外，美国还以东盟威严将会下降作为威胁来阻止缅甸加入东盟，双方矛盾开始涉及第三方国家。2001 年“9·11”事件后，当全世界都以为美国的注意力转移到打击恐怖主义、维护本国安全的时候，美国却丝毫没有放松对缅甸的制裁，认为对缅甸进行制裁从而要求其实现民主改革是十分必要的，否则就是在间接培养下一批恐怖分子。所以，在美国通过《美国爱国者法案》后，美国禁止其国内金融组织服务于缅甸银行。2003 年开始的第三阶段的制裁是由于缅甸军政府对昂山素季进行“保护性软禁”，时任总统小布什宣布禁止进口缅甸产品、冻结缅甸官员在美资产、禁止购买以缅甸开发为获利渠道的第三方股票、禁止为缅甸提供出口和再出口的金融服务。从金融、贸易两方面对缅甸实行制裁，以要求其进行民主制改革。2007 年，缅甸物价普遍上涨使民众叫苦连连，这又再次引起了美国的不满，第四阶段的制裁就此开始。美国冻结了缅甸军官在美国的资产，并在 1 个月后将制裁范围扩大至对缅甸政府实施援助的个人和企业。2008 年 4 月 30 日，美国宣布禁止美国与缅甸的交易涉及宝石业、木材业和珍珠业，同时对与缅甸政府有重大利益关系的两大公司——缅甸联邦经济控股有限公司和缅甸经纪公司进行制裁。

综观此次美国对缅甸的制裁我们不难发现，美国是希望缅甸进行民主改革，从而做到“人权至上”。任何国家的行为都会以本国利益为出发点，美国也不例外。首先，冷战后，西方国家普遍相信民主国家间不会发生战争，因此，将缅甸发展成为美国期望的民主制国家有利于美国更好地利用缅甸对亚洲国家进行控制，也能保证世界的安全，这从根本上来说符合美国期望做世界领导者的政治意图。在缅甸内部民族矛盾较大的情况下，美国政府认为其有责任对缅甸实行保护，以保证缅甸的民主改革与人权促进，因此，小布什在执政期间颁布《缅甸自由与民主法案》和《2008 年汤姆·兰托斯制止缅甸军人集团反民主行径法案》，进一步帮助缅甸民主化。除此之外，美国重新加入联合国人权理事会，力求通过自己的努力，使缅甸成长为其所期待的民主样板国家。其次，美国对缅甸的制裁方式符合其经济利益，与军事冲突相比，经济制裁的效果虽然不明显，但其成本却远远低于军事对抗。通过经济制裁，使缅甸的经济发展滞后，从而让缅甸进行民主化改革为美国所用，是美国制裁缅甸的另一大原因。最后，美国希望通过对缅甸的制裁进而阻止中国等新兴经济体的发展。缅甸毗邻中国和印度，地处印度洋、太平洋以及马六甲海峡的重要关口，随着中国与缅甸的关系日益密切，美国担心中缅合作对美国贸易的冲击，进而影响美国对东南亚国家的控制。另外，缅甸有丰富的石油和宝石资源，中缅合作能使中国尽快摆脱美国对其的束缚，进而降低美元在石油交易中的支付主导地位。

针对美国的制裁，缅甸政府也迅速做出回应。1993 年，军政府将制宪提上议程，15 年后新宪法被通过，但新宪法仍赋予军队较大的权力，并不属于真正的民主改革，所以也并不能使美国放松对缅甸的制裁。另外，为抗议美国等西方国家，2008 年在遭受热带风暴后，缅甸军政府拒绝了美国、英国等西方国家的援助。

美国的制裁严重影响了缅甸与其他国家的贸易往来，最终使缅甸将欧元作为新的结算货币。除此之外，美国对缅甸的进口限制也导致缅甸 80%的服装失去出口国，导致大量失业，不仅没有达到美国制裁缅甸军政府的目的，反而恶化了平民百姓的生活。据统计，仅禁止进口缅甸服装这一项制裁就使缅甸增加了约 10 万的失业人口，这其中大多是妇女，这些妇女在失业后沦落为妓女。同时，其他国家迫于美国的压力放弃了对缅甸的投资，使缅甸失业率再次上升，民众苦不堪言。在美国的重压下，缅甸军政府大力发展与中国的外交关系，使中国成为其重要的贸易伙伴，给予其大量的资金援助。除了中国，缅甸还积极加强与东盟国家的友好合作，尽可能地减小美国制裁对本国经济发展的影响。从这方面来看，美国对缅甸的制裁不仅没有阻断缅甸与中国的合作，反而加深了缅甸军政府对中国的依赖，这也是美国最不想看到的。

那么美国对缅甸军政府制裁失败的原因究竟是什么？第一，军政府的经济受美国制裁的影响较小。美国禁止缅甸服装进口仅造成了普通群众的失业，而军政府的经济收入并没有大的变化，这是由于军政府在服装行业的外汇收入较低。据统计，缅甸服装行业每年对军政府的外汇收入贡献仅有 1000 万美元，这显然不能对军政府的经济实力构成威胁。第二，缅甸军政府外汇收入的主要贡献行业宝石业有充足的市场。缅甸所出口的宝石、翡翠等产品因具有高性价比一直备受中国、印度等亚洲国家的欢迎，美国此次禁止进口宝石业相关产品并不能使宝石业的外汇收入有大幅度的下降，这也与美国对伊朗的制裁形成对比。同样是政府收入的主要来源，伊朗的石油行业由于其市场上竞争对手过多且产品相似度较高，在美国压迫之下其他国家会选择进口沙特阿拉伯等其他国家的石油，进而使伊朗石油行业的外汇收入减少。由此可见，本国主要外汇收入行业的产品要具有特有的高品质才能保证在被制裁时对本国经济的影响较小。第三，美国对缅甸的投资和贸易份额较小。一方面，缅甸的工业较落后，与美国的贸易往来较少，美国减少与缅甸的贸易并不能从根本上打击缅甸军政府的经济来源。另一方面，虽然美国与缅甸有宝石、木材等产品的交易，美国禁止此类型贸易减少了缅甸的外汇收入，但不得不承认，这一损失对于缅甸来说是“有限”的，并不足以导致其经济发展停滞，自然也就不能使缅甸军政府屈服于美国。第四，美国对缅甸制裁失败还依赖于东盟国家的态度。美国与缅甸间的贸易较少，也就是说，仅凭美国单方面地对缅甸制裁并不能真正地打击缅甸经济，要想达到这一目的就必须获得其他国家的帮助。作为缅甸重要的合作伙伴，东盟各国成为美国“劝说”的对象，美国甚至威胁东盟成员国：缅甸加入东盟会降低东盟在国际组织上的威信，但东盟各国对于此事有自己的看法，它们认为无权干涉他国内部的纠纷。与美国不同，东盟各国对缅甸军政府和民主联盟间的冲突不予置评，甚至在缅甸向其求助时伸出援手，东盟各国的不配合加大了美国制裁的难度。同样，俄罗斯和中国也与缅甸有巨大的利益关系，也是美国“劝说”的对象，但两国明确拒绝了美国的提议，表示希望通过对话等方式解决问题。综上所述，军政府外汇来源受影响较小、美国的制裁影响有限和东盟国家、中国、俄罗斯等国的不配合是美国对缅甸制裁失败的主要原因。

我们从美国对古巴、俄罗斯、伊朗和缅甸的制裁中可以发现，美国制裁的原因表面上看是为维护世界和平，制裁的行为也对外宣称是身为世界强国应尽的义务，但其制裁真正的原因则是希望通过制裁达到自己的目的。随着中国经济的发展，美国的制裁趋向于要削弱中国的势力，就像缅甸军政府发言人所说：“美国制裁缅甸的另一大原因是阻止中国与缅甸的合作，以防止中国势力的进一步扩大，加强与缅甸的合作、摆脱美国对中国的控制是中国势力提高的重要环节，加之缅甸经济的落后，使之成为美国制裁的目标之一。”自奥巴马上任以来，美国与多个国家进行深入对话，缓解了与多数国家间的争端，但也增加了对俄罗斯、南苏丹、布隆迪、委内瑞拉等国的制裁，加重了双方的经济负担。现阶段，制裁方式多样化，制裁发起国可以从金融、贸易、旅游甚至知识产权等方面对他国实行制裁，全面打压对方经济的发展。

综上所述，制裁在大多数情况下并不能达到最初的目的，反而会影响本国的社会地位和双方的经济发展，在奥巴马执政期间和特朗普上任后美国仍对部分国家采取制裁。对此，我们有理由相信，美国虽然意识到了沟通的重要性，但其本身强势制裁的态度并没有改变，长此以往，美国一直保护的世界强国地位极有可能会被以“和平外交”为主旨的中国所替代。与美国的强硬制裁相比，中国一直推行冲突双方采取谈判的方式解决问题，而这一做法的好处显而易见，在美国制裁缅甸的过程中，由于中国明确表示不会支持美国的制裁做法，使缅甸军政府加强了与中国政府的合作，在美国制裁俄罗斯的案例中我们也能看出，中国推行的和平外交进一步加深了中俄、中朝的友好关系，可以说，美国的制裁再次帮助中国稳定了与周边国家的外交关系。随着中国、印度等亚洲国家的崛起，加之俄罗斯一直以来的强大实力，中国成为经济强国、俄罗斯经济实力恢复至苏联水平的可能性也逐渐变大，美国对此产生担忧，希望利用一切手段对中国、俄罗斯的发展进行阻挠的想法也不无道理，但是，美国政府也应当从其多次发起的制裁案件结果中总结出采取制裁解决问题的弊端。如果美国希望继续保持其在世界经济中的霸主地位，最根本的方法应该是尽快在国内进行经济结构的改善、对外加强与周边国家的合作而并非是通过自己的强权使他国屈服，从而实现自己的地位。

第五节 美国对中国的贸易制裁

中国作为新兴经济体，其贸易对经济的促进作用不可忽视。随着中国贸易大国地位的确立，美国逐步加强了对中国的贸易制裁，贸易制裁也由此进入国民视线，但其实从中华人民共和国成立以来，美国就对中国进行了贸易制裁。1971 年，美国为了对抗苏联，中美贸易关系有所缓和，美国逐渐放松了对中国贸易的管制，但苏联解体后，美国再次加紧了对中国的贸易制裁。从中华人民共和国成立至今，美国对中国的贸易制裁虽然在各个时期程度不同，但从未停止。

中国作为世界第二大经济体，一举一动都会受到美国的关注。2009 年，美国共发起贸易救济 50 件，其中一半针对中国。奥巴马上任后，多次对中国发起贸易制裁，涉及货物贸易、服务贸易和知识产权贸易等各个方面，给中国进入美国市场带来了较大的困扰。特朗普上任后，也表示将对中国产品征收45%的关税以促进美国就业，这一想法与奥巴马刚上任时的想法趋同，可见美国对阻止中国贸易快速发展的迫切性。

总体来说，美国对中国的制裁分为三阶段：1949~1971年因意识形态不同引发的制裁、1971~1989年中美贸易关系缓和期的制裁和1989年后中国飞速发展美国害怕对其经济形成威胁发起的贸易制裁。中华人民共和国成立之初，由于意识形态冲突，美国发起对中国的贸易制裁。1950年，美国撤销向中国出口产品的许可证，同年2月、5月、8月和9月，美国操纵联合国宣布停止对中国的援助。1951年，美国通过《巴特尔法案》，即《1951年美国相互防御援助控制法案》，宣布一旦接受美国援助的第三方国家向中国等社会主义国家输送战略物资，美国将停止援助，并成立了中国委员会（CHINCOM）来控制管理在中国的禁运活动。政策出台后，美国对中国的出口量明显减少，相较于1949年，1950年约0.5亿美元的出口总额同比下降40%。受到制裁后，中国政府积极转移贸易进出口主要合作伙伴，着力于与社会主义国家的沟通合作。从1952年开始，中国与社会主义经济体的贸易总额达到70%以上，相比于1950年32.4%的贸易份额，中国与社会主义国家的贸易往来越来越密切。在朝鲜战争结束、日本争取更大的原料供应市场、英国与中国关于中国香港问题积极沟通等多个因素的影响下，美国内部和国际上均表达了希望美国放松对中国管制的愿望。美国迫于世界的压力，以及维护多边贸易争端解决机制，于1956年取消了《巴特尔法案》并在1962年开始放宽对中国的出口限制。1978年，中美贸易总额超过11亿美元，是1950年贸易总额的22倍，中美关系进入缓和期。

1989年，美国以中国违反人权为由对中国进行经济制裁，双方关系再次陷入低谷。美国宣布暂停中美间的军事出口，致力于推迟国际组织对中国的贷款发放并将重新商讨中国是否应当继续享有最惠国待遇。在美国的推动下，世界银行、亚洲开发银行停止向中国发放超过7亿美元的贷款。这一系列措施再次给中国经济的发展带来较大影响，据世界银行统计，此项制裁使对中国的投资总额锐减到制裁前的25%，中国部分设施的建设因为贷款的中断被迫停止，以美国为首的经济制裁使经济稍有缓和的中国再次陷入被动局面。在考虑到中国具有巨大的市场潜力的情况下，美国商务人士纷纷要求放松对中国的管制，同时日本、西欧与中国的联系日益亲密，美国为了更好地进入中国市场，于1990年逐渐放松对中国的管制，世界银行贷款也于同年继续发放，截至1996

年美国共取消了11项对中国的经济制裁规定。但随着中国经济的飞速发展，美国为了保护本国经济地位不被撼动，2001年前后再次对中国进行制裁，时至今日，美国仍利用各种手段对中国进行贸易制裁，打压中国经济的发展。在此，我们主要介绍中华人民共和国成立初期美国对中国的贸易制裁。

在中华人民共和国成立之前，中国一半以上的产品从美国进口，其产品出口也有38%流向美国，考虑到中国是美国重要的贸易合作伙伴，相比于军事冲突，贸易制裁更适用于当时的中美关系。与美国制裁古巴相类似的是，由于意识形态冲突，美国在中华人民共和国成立初期便对中国进行贸易制裁，而中国领导人坚定地支持苏联等社会主义国家的政策又使美国恼羞成怒，从而发起更大规模的制裁。美国对中国发起制裁有破坏中苏关系的目的；中国在无法从美国进口其所需物资时，必会向苏联寻求更大的帮助，如果苏联无法提供中国所需物资，中国就必须与其他国家进行合作，影响中苏关系；中国寻求援助的时长与美国制裁所持续的时间相关，也就是说，苏联对中国的援助时长取决于美国，如果美国不停止制裁，苏联就要继续对中国的援助，如果制裁的时间过长，苏联的经济也必定会受到影响，为了保证本国经济的稳定发展，苏联对中国的援助力度就会降低，影响中苏关系。基于以上考虑，美国商务部列出出口控制清单：1-A和1-B，其中1-A包含了全面禁运的物资；1-B包括限制数量出口的物资，1949年11月成立“巴黎统筹委员会”，下设常务协作委员会对禁运进行监督。

1950年朝鲜战争爆发后，中国“抗美援朝”的举动再次引起美国的不满，以“维护美国利益”为核心的美国公民强烈要求禁止与对手进行贸易，之后美国对中国的制裁提高了一个等级。时任美国商务部部长的Charles Sawyer曾说：“由于中国军队在朝鲜对美国士兵进行军事攻击，美国必须断绝一切向中国出口的军事武器以保证美国士兵的安全。”此时，美国内部提出全面封锁中国经济的建议，中情局也希望美国能从空中或海上对中国的港口、仓库等进行轰炸，以加重中国的失业和市场危机。对此，经济合作局（Economic Cooperation Administration）提出反对意见，认为美国对中国的经济封锁影响微乎其微甚至会适得其反，美国若停止一切对中国的出口，中国必然会寻求其他贸易伙伴，虽然这会使中国付出更高的进口成本，但美国的市场利益流失更大，如果想彻底断绝中国的进口来源，则要与其他供应国进行协商，可这必将耗费美国更大的精力，且当时的中国工业远远落后于美国，美国停止对中国进行技术型出口对当时的中国可以说是影响甚微。经济合作局提出，应该针对专项产品对中国加强制裁、断绝中国运输工具的供应、冻结中国在美国的资产和对可能运往中国的船只进行稽查等。为避免引起东亚和苏联的不满，美国选择了对中国进行有限制裁。1951 年 2 月，联合国受理美国对中国采取“附加”强制性措施的建议，英国由于与中国香港有密切的联系，对此项提案持反对意见。双方协商后，英国政府向联合国提出反议案，要求美国提供其限制出口中国的产品清单并保证不会对中国实施全面限制，在美国政府对此议案表示支持后，英国政府接受对中国采取“附加”强制性措施的建议。英国的举措主要是为了保证其与中国香港的合作不被打断，但这也确实在一定程度上帮助了当时的中国，避免其遭受到更严厉的制裁。

美国在联合国的提案被接受后，美国内部希望对中国进行海上封锁的呼声越来越大，他们认为要更好地限制和阻碍中国经济，掐断其进口的主要运输方式——海上运输是最有效的方法。但如果美国就此对中国进行海上封锁，会损害其他联合国成员国的利益，提案也就很难被其他国家所接受，在对比其他国家遭受损失对美国造成的影响与美国所能获得的益处后，美国政府选择向联合国提议对中国进行海上封锁。为得到同盟的支持，美国政府以对其进行军事援助为诱饵，“劝说”联合国成员国同意其议案，最终效果也如美国所愿，运往中国的货物不再包括军事物资。由于美国的经济封锁，1951 年中国陷入大量工业原料短缺的困境，中国政府被迫修改其原有的贸易政策。

美国政府看到其经济制裁对中国造成的影响后，一方面喜于其制裁得到了初步的效果，另一方面则忧于联合国其他国家对中国的制裁力度逐年减小，大多数国家放松了对中国的管制，印度、缅甸等国家更是公开表示拒绝遵守联合国对中国禁运的提议，在联合国范围内继续加强对中国制裁的可能性几乎为零，但是美国并没有放弃对中国的制裁。1952 年 7 月，英国、法国、加拿大、日本和美国在“巴黎统筹委员会”下成立“中国委员会”，针对中国执行一种“特殊禁运”政策，以持续对中国施压。

由上我们可以看出，中华人民共和国成立初期美国对中国的贸易制裁主要是由于意识形态冲突，中国作为社会主义国家，受到了以美国为首的西方国家的制裁。除中美间的冲突，中国与苏联的友好关系也使美国对中国的制裁包含了更多的政治因素，在中国宣布对朝鲜进行援助后，朝鲜的主要对手美国再次加强了对中国经济的制裁。在这超过十年的经济制裁中中国的确受到了重创，特别是 20 世纪 50 年代初期中国一度缺少工业生产原料，经济发展就此停滞。美国作为中国主要的进出口贸易伙伴，其对中国实行禁运和海上封锁的确给中国造成了巨大的经济损失，也使一直帮助中国的苏联陷入困境。美国自身也耗费了时间和经济成本，尤其在朝鲜战争进行之时，其对外要应对与朝鲜的军事冲突、要说服其他联合国成员国同意在联合国范围内对中国进行制裁，对内要商讨利用怎样的方式使中国经济损失最大化。美国利用自己在世界中的霸主地位“劝说”其他国家，宣称会对第三方国家进行军事援助，最终使第三方国家妥协，我们有理由相信，美国政府之所以能得到大多数成员国的支持，与第三方国家担忧一旦违反美国的要求会遭受同样的经济制裁有很大的关系。由于经济封锁，美国的消费者无法再享有中国低价的产品，美国的生产者也失去了向中国出口产品的机会，美国内部的失业率上升。美国对中国进行经济制裁，意味着其放弃了占据中国市场的机会，可中国有巨大的市场潜力，在美国退出中国市场后，西方部分国家和亚洲国家迅速占领了中国市场。虽然大部分国家在美国的威胁之下对美国的议案表示支持，但随着时间的推移，大部分国家都放松了对中国的管制，这也是美国最终无法在联合国范围内对中国进行经济制裁的主要原因。

综上所述，中华人民共和国成立初期美国对中国进行的经济制裁在一定程度上达到了其希望的效果，但美国也付出了巨大的代价，而第三方国家从中获利。

第四章 货物贸易纠纷案例与分析

第一节 货物贸易纠纷——欧盟与美国

提到美国与欧盟的货物贸易战，我们首先想到的应该是持续近20年的香蕉贸易战，这场贸易战可以追溯到1975年达成的《欧洲经济共同体——非洲、加勒比和太平洋（国家）洛美协定》（以下简称《洛美协定》），规定欧共体各国要接受非洲、加勒比和太平洋（国家）的全部工业品和95%的农产品且免税，同时在香蕉、牛肉等产品上给予上述国家一定数量的免税进口配额。配额的存在，使当时是欧洲主要香蕉出口国的拉美国家遭受到了巨大的损失，其中厄瓜多尔、墨西哥、洪都拉斯、巴拿马等地的损失尤其惨重：厄瓜多尔出口份额锐减25%，而巴拿马这一项的损失则高达90亿美元，这对于经济较落后的拉美国家来说，无疑是巨大的打击。对此，以美国为首的、涉及拉丁美洲多个国家的香蕉出口国联盟向世贸组织提起诉讼，要求欧盟修改相关香蕉进口机制，实现自由贸易。1998年，欧盟公布新的进口贸易制度，但仍没有得到美国的肯定，于是在1999年美国单方面宣布对欧盟征收100%的报复性关税，涉及金额5.2亿美元，而5.2亿美元恰好是欧盟设置香蕉免税进口配额给受损失的国家能预计的总损失金额。欧盟随即做出回应并提出上诉，但1999年4月世界贸易组织解决争端机构判定欧盟继续修改其香蕉进口规则，同时判定美国有权对欧盟实施制裁，但要将制裁金额降低至1.91亿美元。虽然世界贸易组织解决争端机构已经做了判决，但双方仍然各有想法，僵持不下：以美国为首的香蕉出口国联盟认为欧盟的这一做法严重违反了自由贸易的准则，使多个以香蕉出口为主要收入的国家经济受损，如上述提到的厄瓜多尔和巴拿马；非洲、加勒比和太平洋（国家）则认为其出口至欧盟的香蕉份额只有8%，并不足以威胁拉丁美洲各国的香蕉出口，且认为如果欧盟最后被迫改变协定，其经济受到影响又会直接降低对美国产品的需求，最终也会影响美国经济的发展。经过长时间的协商，双方在 2011 年达成和解，欧盟降低拉丁美洲各国香蕉产品的进口关税，拉丁美洲各国也表示接受此提议并不会再提出申诉。至此，这场贸易纠纷拉锯战落下帷幕。

这场贸易纠纷的主体是欧盟和拉丁美洲以香蕉出口为主要经济来源的国家，既然美国不是主要的香蕉出口国，对峙双方也看似都与美国没有较大的利益关系，那么美国参与其中的原因是什么？其实是因为美国金吉达（Chiquita Brands International）和都乐（Dole）两家跨国公司控制着拉丁美洲的香蕉出口数量，一旦拉丁美洲利益受损，那么美国这两家公司也会受到牵连，这就是美国政府参与此次贸易纠纷的直接原因。除此之外，美国还有以下两方面的考虑：一方面，欧盟共同农业政策是欧盟各成员国为了保证其联盟内部农产品的供应而设立的，通过成员国间的合作，保证农产品以合理的价格和恰当的数量出售，保护农民的利益，通过禁止他国农产品的进入，保护欧盟国家内部的农产品市场。此次贸易纠纷的发起恰好在美国与欧盟进行新一轮谈判之前，此次联合拉丁美洲与欧盟开展贸易纠纷，不仅能在一定程度上对欧盟施压，还是打探欧盟关于农产品态度的有利时机。美国并非要打贸易持久战，这一点从美国没有对欧盟给予香蕉生产商补贴据理力争中也可以看出。另一方面，欧盟出台《洛美协定》拉近了欧盟成员国与非洲、加勒比和太平洋（国家）的关系，这对于想要统治世界经济的美国来说是不利的，而美国通过与拉丁美洲国家建立友好关系可实现自己的“美洲战略”。如果欧盟最后在“香蕉事件”中妥协，那么其与非洲、加勒比和太平洋国家的关系就会受到影响，欧盟的“非洲战略”就会受到阻碍。

虽说美国参与此次贸易纠纷有自己的考虑，但只要是贸易纠纷，就必定会阻碍经济的发展。首先，损失最严重的无疑是以香蕉出口为主要外汇收入的拉丁美洲国家。在漫长的对峙期内，其出口至欧盟的香蕉不仅要支付大额度的关税，还要面对来自非洲、加勒比和太平洋国家产品的竞争，导致厄瓜多尔的出口份额下降和巴拿马的外汇收入减少，而外汇收入的下降必然会影响其国内人民的生活质量，出口的减少也会造成失业，进而影响国家的经济发展。其次，非洲、加勒比和太平洋国家虽然有欧盟各成员国的支持，在牛肉、香蕉、工业产品和农产品的出口上享有优惠，但其产品出口至其他国家的情况则令人担忧，部分国家迫于美国的压力，必然不敢与非洲、加勒比和太平洋国家进行贸易交易，间接限制了上述国家的贸易范围。再次，如果欧盟最终迫于压力或因判决而改变其原有的优惠政策，那么上述国家一旦缺少欧盟的支持，其工业品、农产品等各个方面的收入均会有所下降，这无疑会对其经济造成严重的打击。在失去主要的出口国家后，其国内的失业率将有明显上升，这将迫使政府对其原有的经济结构进行改革，而在这个过程中一旦出现纰漏，将会导致国家经济的动荡甚至会威胁国内的安全。因此，在欧盟与美国进行贸易纠纷之时，身为受益方的非洲、加勒比和太平洋国家也并非高枕无忧。最后，对于欧盟和美国来说，发生经济纠纷之时正是双方进行新一轮自由贸易谈判的前夕，可以说，此次纠纷最终的结果将直接影响双方谈判的结果，就欧盟来说，其对非洲、加勒比和太平洋国家实施的香蕉进口政策确实不妥，但为了实施本身的“非洲战略”，欧盟也必须坚持对非洲、加勒比和太平洋国家的保护。就美国来说，由于利益受损对欧盟进行指责是无可厚非的，同时为了保护拉丁美洲国家的利益进而维护与拉丁美洲的友好关系，也必须与欧盟的不公平政策抗衡。双方在此次纠纷中都有自己的经济和政治立场，这也是双方均不退让的原因。就双方的国内经济来看，由于两方的经济实力较强，内部经济不会因纠纷受到较大的影响，同时美国并非香蕉的主要生产国，其内部的失业率也不会出现较大的变化。综上，此次贸易纠纷中受到较大影响的国家反而是并不富裕的拉丁美洲国家以及非洲、加勒比和太平洋国家，而并非欧盟与美国这两大经济体。

上面介绍的是以美国为靠山的拉丁美洲国家对欧盟发起的诉讼，下面介绍一个欧盟对美国向世界贸易组织提出申诉的案例。1997 年，欧盟就美国的《外销公司法》向世贸组织提出申诉，认为美方对出口产品进行补贴严重违反了公平竞争规则，要求美国废除《外销公司法》。《外销公司法》于 1984 年在美国通过，其主要内容是在国内生产、产品出口至国外的美国公司可以享受免税优惠。该法案一经推出，就引发了欧盟的强烈不满。美国出口公司享受免税就相当于对美国公司实施出口补贴，这直接加强了美国公司的出口竞争力，有利于美国公司占领国外市场。对此，以欧盟为代表的与美国有竞争关系的国家纷纷对此表示抗议，欧盟更是以一纸诉状将美国《外销公司法》告至世贸组织。

1999 年 10 月，世贸组织做出判决，认定美国《外销公司法》违反公平竞争规则，美国对此提出上诉，但世贸组织维持原判并要求美国在 2000 年 10 月前废除《外销公司法》。但 2000 年 11 月，美国仅对《外销公司法》做出修改并命名为《外销公司替代法》。欧盟并不买账，于是再次向世贸组织提出申诉，要求美国废除《外销公司替代法》，并提出了向美国实施报复性关税的提议。2001 年 8 月，世贸组织对欧盟的申诉表示支持，并于 8 月 30 日宣判美国《外销公司替代法》属于“出口补贴”，如果不废除此法案，欧盟有权向美国征收 100%的惩罚性关税，即如果美国继续修改而非废除《外销公司替代法》，欧盟将征收 40. 43 亿美元的关税，这对于美国出口业来说是个不小的打击。得到世贸组织的认可后，欧盟委员会迅速做出决定：美国应在 2003 年底废除《外销公司替代法》，否则将于 2004 年 1 月开始对美国出口产品实施制裁，世贸组织对此表示支持。在得到这一消息后，美国政府宣布将对《外销公司替代法》进行修改，但却迟迟不付诸行动。2003 年 12 月，欧盟委员会宣布将对涉及美国 1600 余种出口产品实施超过 40 亿美元的惩罚性关税，税收幅度为 5%并按月递增 1%，直至达到 17%的惩罚性关税税率，在这期间若美国废除《外销公司替代法》，则停止征收惩罚性关税。2004 年 3 月 1 日，由于美国方面仍没有就《外销公司替代法》做出回应，欧盟对美国实施了惩罚性关税。在制裁的压力下，美国政府于 2005 年通过《域外收入排除法》取代了《外销公司替代法》，欧盟随即停止对美国产品征收惩罚性关税并就《域外收入排除法》提出申诉，有关《外销公司替代法》就此告一段落。

欧盟此次就《外销公司法》与美国产生贸易纠纷的直接原因同样是由于美国不公平条例的颁布影响了欧盟国家的利益。作为世界两大主要经济体，欧盟与美国间的贸易冲突不断，双方均以各种形式为本国出口商提供最大限度的利益，这也就使双方冲突不断。就上述案例来说，美国《外销公司法》的实施的确通过减税大大加强了其国内出口商的竞争力，这对于作为其主要对手的欧盟国家的出口商显然是不利的，欧盟方面对此提出申诉也情有可原。除此之外，相信欧盟此次提出申诉也有对政治因素的考虑。欧盟与美国向来冲突不断，世贸组织在成立后的前几年也主要致力于处理双方的贸易纠纷，由世贸组织做出处理会间接地影响双方在世界市场上的地位，在美国《外销公司法》出现如此大的纰漏之时，欧盟自然不会放弃这一打击美国市场势力的好机会，这也是其对美国提出申诉的另一大原因。

这是欧盟首次根据世贸组织判决对美国进行制裁，无论是对世贸组织还是对对峙双方都有重要的意义。据统计，2003 年内美国政府利用出口减税这一手段对其国内出口商的补贴高达 50 亿美元，这是包括欧盟在内的其他出口产品生产国所不能容忍的。由于美国的产品在世界市场上的竞争力较弱，美国政府不得不采取出口补贴的方式来维护本国的外汇收入。但从制裁方式来看，欧盟显然没有采取极端的方式，欧盟委员会甚至宣布一旦美国废除《外销公司替代法》便会停止对美国的贸易制裁，同时由于双方的贸易依存度极高，欧盟在制定实施惩罚性关税产品清单时也仅对美国出口占其市场20%以下的产品进行征税，这均体现了欧盟此次对美国的制裁旨在提醒而非“撕破脸”。从纠纷影响上来看，欧盟内部的产品出口商由于美国实施出口补贴遭受了损失，美国政府由于欧盟实施惩罚性关税利益也受到了损害，其内部就是否废除《外销公司替代法》也争议不断，但由于双方的经济体制较为完善，此次的贸易纠纷并没有造成更严重的后果。

对上述两起案例进行对比和总结可以看到，无论是美国还是欧盟，发起贸易战均包含经济和政治两方面的原因。经济方面，对方的某一项政策导致本国的利益受损是双方展开货物贸易战的直接原因。政治方面，欧盟和美国作为世界上最主要的两大经济体，其在世界市场上的竞争不仅会影响双方经济的发展，更会影响其在世界市场上的地位，因此，双方都对世贸组织的裁定十分敏感，但就上述两个案例来看，美国在政治上的考虑则明显多于欧盟。从制裁结果来看，双方均不敢对对方进行严厉的制裁，这一点从美国明知欧盟对香蕉生产商提供补贴却没有向世贸组织提出和欧盟对美国实施惩罚性关税随美国废除《外销公司替代法》而停止中可以看出。由于双方的贸易依存度较大，双方也都深知一旦关系恶化会带来的后果，因此，双方的纠纷大多都是“形式大于实质”。与欧盟相比，美国的制裁方式显得更加“霸道”，其因政治因素发起的贸易战也更多，这一点值得欧盟、俄罗斯甚至正在崛起的中国注意。

第二节　货物贸易纠纷——日本与美国

与欧盟态度强硬不同的是，在与美国的贸易战中，日本则显得更加“胆怯”，这主要是因为日本在维护国土安全方面过度依赖美国，导致其在美日贸易战中始终处于下风。

1977 年，由于美国本土汽车生产率的下降，美国进口汽车的比例上升至25%，美国在汽车行业的贸易逆差较大，在与主要出口国日本协商后，日本政府主动对其汽车行业进行出口限制以缓和与美国的外交关系。但日本政府并不会就此放弃其在美国的潜在利益，于是以投资代替出口。20 世纪 80 年代，日本出口至美国的汽车比例降至 18%，但有另外 13%的美国汽车是由日本企业在美国境内生产进而销售的。1995 年 5 月，美国政府根据“301 条款”对日本实施单边报复，向日本豪华汽车征收高达 100%的关税，原因在于美方认为日本并没有向世界开放汽车市场，导致美国汽车行业出现贸易逆差。日本随即向世贸组织提出申请，表示已经向美国做出较大程度的让步，日本内部的损失已经超过 1 亿美元且已经开放其汽车市场，美国之所以仍出现贸易逆差是由于其产品自身的原因。双方对此进行了两轮谈判，最终达成和解：美国对日本取消征税决定，同时日本政府要大力鼓励其汽车生产商对外投资。

美国 1995 年 5 月提出征收关税，双方在同年 6 月即能达成和解，可见日本对美国还心存忌惮。在制裁期间，由于美国单方面实施的制裁，日本豪华汽车的生产商受到了较大的冲击，100%的关税也对其原来的生产经营造成了较大的影响。从美国角度看，先前实行的自动出口限制使美国消费者的利益相对减少，而此次征收关税更是逼迫日本汽车厂商退出美国市场，使美国消费者购置汽车的成本增加，再次降低了美国的消费者福利。基于此，双方政府必须加快协商的脚步，从而避免遭受更大程度的损失。

美国单方面采用“301 条款”对日本进行制裁也受到了欧盟的质疑，对此，欧盟向世贸组织提出申诉，世贸组织最终裁决美国不能单方面提出制裁，但指出“301 条款”并不违反世贸组织的相关规定。也就是说，美国可以利用“301 条款”对其他国家进行贸易制裁。各个国家均需重视此问题，避免美国单方面实施“301 条款”情况的出现并做好应对准备。

美国与日本间的汽车贸易纠纷持续至今，2017 年 10 月 5 日美国总统特朗普会见日本首相安倍晋三时再次提出了希望日本企业在美国生产从而减少美国汽车进口量的建议，双方在此问题上的争议仍然值得关注。

除汽车贸易外，美国对日本半导体行业的崛起也产生了较大的担忧。1980~1990 年美国企业在半导体市场上的份额从 70%下降到 29%，而日本企业的市场份额则由 24%上升至 49%，这引起了美国政府的重视。美国企业指责日本企业以低于市场价的价格向美国出售半导体产品，针对上述问题，双方签订协定，规定了公平的市场价格从而解决了纠纷。在附件中，日本政府承诺 5 年后外国厂商在其市场的占有率达到 20%以上，1991 年双方正式将外国厂商在日本市场占比达 20%作为约定写入协定，美国也取消了所谓的公平价格制度，协定于 1996 年 7 月 31 日截止。1996 年双方再次进行谈判时，就半导体市场的数量指标等问题僵持不下，谈判一度陷入僵局，在最后期限内，双方决定成立相关机构，每年就半导体市场问题进行协商。但就在 1997 年，韩国和中国台湾市场迅速崛起，日本半导体行业逐渐走向没落，1998 年的市场占有率仅有 26%，在日本不再是美国半导体行业的“眼中钉”后，双方在此问题上的关系也逐渐趋于缓和。

在上述案件中，由于美国政府多次对日本半导体行业进行打压，加之日元的升值幅度较大，使日本半导体行业逐渐失去了市场竞争力，降低了日本经济的发展速度，严重影响了日本国内的就业情况，失业率有所上升。相比于日本，美国受到的经济打击程度较小，通过对日本的压迫，美国国内的半导体生产商有了喘息之机，但美国消费者的福利则有些许的下降，同时随着美国逻辑芯片销量的上升，美国的市场份额也恢复到了 1990 年前的状态。由此可见，日本政府的“忍让”并没有帮助其免于遭受美国的压制，反而严重影响了其经济的发展。在此次美日货物贸易战中，新崛起的韩国和中国台湾成为最大的赢家，这也再次论证了贸易战对对峙双方均产生负面影响的观点。

美国对日本采取的压制措施主要包括三种：一是利用“301 条款”逼迫日本开放其国内市场，也就是利用自己的霸主地位对日本施压，从而达到减少本国进口的目的；二是对日本产品进行进口限制，这也是美国贸易保护主义的体现；三是通过提高日元汇率从而降低日本产品出口的竞争力，在上述半导体市场占有率的争夺战中，美国就是利用此法进而减少了日本产品的出口。面对美国的制裁，日本政府除了积极与美国进行谈判外，还默许了日元升值、扩大了向美国的投资并进一步对外开放了日本市场，可以说，这些都是美国所期望的，而日本政府出于国土安全的考虑对美国提出的要求一味地忍让，间接导致了日本失去半导体市场的结果。首先，日元升值使日本产品失去市场竞争力，进而导致日本对外出口额大幅度下降，政府不得不采取量化宽松政策以缓解局面，但出乎意料的是，这一做法并未真正带日本经济走出困境反而导致了泡沫经济的形成。其次，20 世纪 80 年代日本企业纷纷向美国投资的做法一方面增加了美国的财政收入，另一方面也降低了其进口份额，对于美国来说可谓一举两得。最后，进一步开放日本市场使日本国内企业受到了更大的冲击，导致外国生产商逐步占领日本市场，直接影响了日本国内的就业，阻碍了日本经济的发展。综上，上述日本的做法都是美国政府愿意看到的，直接导致了日本半导体行业的衰退。除了上述做法，日本政府还对外发行外债，期望通过增加财政支出来刺激国内的消费需求，但这一做法也并未真正改善国内存款多支出的状况，反而又一次将日本政府推向了债务危机。

通过美国与日本间的货物贸易战，我们可以总结出以下几点。首先，任何决定都要维护本国的利益。日本为了在国土安全方面更多地依赖美国从而对美国“言听计从”的做法并不可取，因为在日本退让后，美国政府也并没有选择让步反而进一步对日本政府施压，而当日本政府真正意识到不能再对其国内产品实施数量限制时已为时过晚，导致其在半导体行业的市场地位被韩国和中国台湾所替代，日本半导体行业一度陷入窘境，产生较高程度的失业率，无形中增加了日本政府的压力。其次，要提升国内的生产水平和技术水平。在韩国和中国台湾产品的冲击下，日本企业逐渐退出市场，而美国企业却再次增加了其在世界市场上的份额，这主要是因为美国企业的技术在逐步提高。在美日双方均受到货物贸易战带来的负面影响之时，美国企业致力于利用科技创造出更能迎合市场的产品，而日本企业则在其政府的要求下将对外投资作为新的发展重点，这就使日本产品在 1998 年以后逐渐失去了市场。归根结底，日本产品之所以失去市场，不仅与日本和美国的货物贸易战有关，更与其自身毫无提高的科技水平有关。最后，就是要注意与各个国家建立良好的外交关系，在必要时寻求帮助。在美国与日本的汽车纠纷案中，美国单方面对日本进行制裁，导致日本汽车行业遭受巨大损失，日本也进一步开放了其国内的汽车市场，但我们应该注意到，在日本受到美国“301 条款”的不公平对待时，首先向世贸组织提出申诉的是欧盟而非利益受损国日本，在面对不公平待遇时，日本政府明显缺少与美国对峙的勇气，这一点与其对美国的依赖有关，这也正是美国敢于一直向日本施压的原因。如果日本减少对美国的依赖，加强与其他国家如欧盟的合作，那么美国出于对自身与欧盟间的利益关系的考虑，在利用“301 条款”时也必然会有所顾忌，日本的损失也会在一定程度上有所降低。由表 4-1 至表 4-3 可以看出，日本对美国的进出口贸易额确实存在下降趋势。

表 4-1　日本对北美和中美的进出口贸易额

单位：美元

年份	日本		
	出口	进口	净出口
2009	32335450	358580	31976870
2010	28767304	654654	28112650
2011	32376284	1163918	31212366
2012	20470820	326455	20144365

续表

年份	日本		
	出口	进口	净出口
2013	19635664	340230	19295434
2014	28993400	922332	28071068
2015	19693517	841755	18851762
2016	22329571	161526	22168045

资料来源：联合国官网。

表 4-2　日本对美国萨摩亚群岛的进出口贸易额

单位：美元

年份	日本		
	出口	进口	净出口
2009	10240302	1062117	9178185
2010	1718021	9629	1708392
2011	1116639	116343	1000296
2012	4674680	78653	4596027
2013	3117545	8684	3108861
2014	3133046	4869	3128177
2015	1152836	550258	602578
2016	1561329	983951	577378

资料来源：联合国官网。

表 4-3　日本对北美、中美和美国萨摩亚群岛的进出口数据

单位：美元

年份	日本		
	出口	进口	净出口
2009	42575752	1420697	41155055
2010	30485325	664283	29821042

续表

年份	日本		
	出口	进口	净出口
2011	33492923	1280261	32212662
2012	25145500	405108	24740392
2013	22753209	348914	22404295
2014	32126446	927201	31199245
2015	20846353	1392013	19454340
2016	23890900	1145477	22745423

资料来源：联合国官网。

现如今，随着中国经济的崛起，中国已经替代日本成为美国最大的贸易逆差国，美国政府逐渐将矛头指向中国，中美关系成为世界关注的焦点，美日关系也因此有所缓和。但可以确定的是，中美间的贸易战不会给中国带来像日本一样的经济打击。第一，中国政府敢于对美国政府提出的不合理要求予以回击，在美国企业提出对中国企业进行反倾销、反补贴调查后，中国商务部在第一时间给予企业支持，并在美国商务部做出不公平制裁后迅速做出回应，支持本国企业上诉并积极与美国相关组织进行协商，进而保障中国企业在海外的基本利益，从华药集团受到不公平待遇最终通过自身和政府努力得到公平判决的案例中我们就能深刻地感受到这一点。与日本政府在受到不公平待遇选择改变本国贸易政策的做法不同，中国政府的出发点则是本国企业的利益。第二，随着出口贸易的不断扩大，中国政府积极倡导发展科技，致力于从“制造大国”转变为“制造强国”，鼓励企业通过对外投资、海外学习等方式提高科技生产力，与此同时还通过减税等方式鼓励高新技术企业的发展。也就是说，中国企业并不会在发生贸易纠纷时停止科技的研发，大大降低了出现日本失去大部分市场的情况的可能性。第三，中国政府的“和平外交”政策使中国政府与各国建立了良好的外交关系，“一带一路”、亚投行等项目的发展也进一步促进了中国与亚洲甚至非洲国家的关系，一旦中国利益受损，那么与中国有密切联系的国家的利益也会受到伤害，这就必然会使美国对中国实施单方面制裁有所忌惮。另外，中国在军事方面的成长也较为迅速，没有日本要依赖美国来维护国家环境的问题，这也能进一步说明在中美贸易战中，美国并不会如愿以偿。

结合当下背景来说，特朗普上任后美国便退出跨太平洋伙伴关系协定，提出“美国至上”的观点，要求其在亚洲的盟友对其提供更大的支持。对此，有美国媒体表示：“美国此举是将亚洲拱手让给中国。”由此可见，美国在亚洲市场的地位正在逐步下降，其在货物贸易方面对中国发起战争也必然会考虑其他亚洲国家的利益，相比于当时的日本，现阶段的中美势力较均衡，美国也不会轻举妄动。

第三节　货物贸易纠纷——美国与东盟国家

2009 年美国通过《联邦食品、药品和化妆品法》后，印度尼西亚便对其中关于任何香烟及其原材料（烟丝、过滤嘴和包装纸）都不能含有天然的或人工合成的引诱烟民的添加剂或香料（辅助香料），包括草莓、葡萄、橙子、丁香、桂皮、菠萝、香草、椰子、甘草、可可粉、巧克力、樱桃、咖啡，但允许添加薄荷这一项条文表达了强烈的不满，印度尼西亚作为美国主要的丁香出口国，美国此法令的颁布无疑会对印度尼西亚的外汇收入产生影响。另外，美国并没有禁止薄荷味香烟，印度尼西亚方面表示仅禁止丁香烟出口违反了非歧视原则。

2010 年 4 月，印度尼西亚就美国禁止丁香烟这一条款与美国磋商，但双方并未就此事达成一致意见。2010 年 6 月，印度尼西亚要求世贸组织成立专家组对此事进行调查。2011 年 6 月，专家组发布最终报告，驳回美国大部分主张，认为美国禁止进口丁香烟而允许薄荷烟继续在市场上销售的行为违反了非歧视原则，美国对此提出上诉。2012 年 4 月，上诉机构对此案做出最后的判决，判决结果与专家组并无较大差别。2013 年 8 月，印度尼西亚表示将再次向世贸组织申诉，原因是美国并没有按世贸组织的判决修改本国法规并要求美国赔偿。2014 年 10 月 3 日，美国与印度尼西亚就丁香烟案达成和解，美国保留禁令但不歧视印度尼西亚方面出口的其他香烟产品。至此，这场由于《联邦食品、药品和化妆品法》引起的货物贸易战才告一段落。

美国与印度尼西亚进行贸易战的直接原因是《联邦食品、药品和化妆品法》的颁布严重损害了主要的丁香烟出口国印度尼西亚的利益，而美国给出的解释是此举主要是为了控制国内青少年吸烟，但这一点显然不足以服众，因为美国并没有对本国薄荷烟市场的运营采取任何措施。究其原因，主要有以下三点：第一，为了维护本国香烟生产商的利益。从上述资料中我们可以看到，印度尼西亚是美国最主要的丁香出口国，印度尼西亚的丁香烟占美国丁香烟的市场份额高达99%，这使美国内部的丁香烟生产商无利可图，为了保护本国的利益，美国政府以“控制国内青少年吸烟”为由将印度尼西亚的产品逐出美国市场。第二，美国之所以没有将薄荷烟列入限制范围也有出于对社会安全的考虑，因为如果以法律的方式禁止了薄荷烟市场的运营，会使美国出现薄荷烟黑市，进而影响美国国内正常的社会秩序，甚至引发社会动荡。第三，由于薄荷烟在美国香烟行业的市场占有率已经达到26%，这意味着一旦禁止薄荷烟的销售，除了上面所提到的会出现薄荷烟黑市外，还有可能出现大批市民不得不戒烟治疗的情况，一旦出现这种情况会给美国医疗系统造成较大的压力，稍有不慎则将影响美国医疗业的正常运行，这也是美国政府颁布禁令时不得不考虑的因素。综上，美国政府并没有将薄荷烟列入禁止销售的清单，这也就引发了以印度尼西亚为首的其他出口国的不满。除了印度尼西亚方面的不满外，美国内部也出现了较大的争议。Joseph Califano Jr.（美国前卫生与福利部大臣）对此表示，由于美国国内市场约75%的薄荷烟被黑人吸烟者所消费，美国禁止丁香烟的进口而将薄荷烟排除在外的行为也是一种对美国内部黑人吸烟者的歧视。另外，美国遭受制裁后是选择继续坚持立法从而影响与印度尼西亚的贸易往来还是由立法者和反烟提倡者重新制定法律，也在国内引起了较大的争议。由于美国迟迟不能做出决定，印度尼西亚于2013年表示将对美国进行申诉并要求赔偿。

印度尼西亚与美国在货物贸易战之前的协商没有达成一致意见的原因，在于双方对美国此举是否违反《技术性贸易壁垒协定》（TBT协定）的相关规定持相反意见，这也是世贸组织专家组在裁定此案件时所重点考虑的。要判断美国的做法是否违反《技术性贸易壁垒协定》的相关规定，就要确定其是否属于“技术法规”。首先，美国《联邦食品、药品和化妆品法》规定了“香烟及其原材料（包括烟丝、过滤嘴、包装纸）不得含有除烟草本身的味道和薄荷味以外的其他味道”。这条规定意味着美国禁令的对象具有可确认性。其次，美国“不得含有除烟草本身的味道和薄荷味以外的其他味道”的规定也对产品特性进行了限定。也就是说，除烟草和薄荷外，产品不得含有“其他味道”，并利用草莓、葡萄、橙子、丁香、桂皮、菠萝、香草、椰子、甘草、可可粉、巧克力、樱桃、咖啡对“其他味道”进行解释。最后，美国表示凡不符合规定的产品均将被禁止，这代表了美国此项措施具有强制性效力。结合以上三点来看，美国的做法符合“技术法规”所具备的三大基本条件，因而可以进一步对是否违反《技术性贸易壁垒协定》的相关规定做出判断，这一点在专家组调查的过程中也得到了美国和印度尼西亚的认可。该案件讨论的关键点在于美国禁止丁香烟进口而不禁止薄荷烟的行为是否违反了非歧视原则，这要从薄荷烟与丁香烟是否属于相似产品和印度尼西亚是否真正受到非歧视待遇两方面来看。就前者而言，专家组认为薄荷烟与丁香烟均以“吸食”为最终目的，否决了美国提出的薄荷烟的另外两种用途——“满足烟民需求”和“通过吸烟带来身心愉悦的感受”。印度尼西亚表示薄荷烟和丁香烟属于相似产品，因此应该将薄荷烟和丁香烟在美国市场的情况进行对比来分析美国是否违反规定，但美国却表示应将所有进口香烟与国内相似产品的市场情况做对比，专家组在此问题上支持了印度尼西亚的观点，即丁香烟与薄荷烟属于相似产品。就后者而言，印度尼西亚表示美国此举是对印度尼西亚丁香烟的歧视，因为当时的美国香烟市场并没有其他种类的香烟出售，美国该项法规仅针对印度尼西亚。同时，根据多哈部长级会议通过的《关于实施有关的问题和关注的决定》，美国在实施政策前应给予印度尼西亚不少于 6 个月的调整期，而美国在《联邦食品、药品和化妆品法》颁布后只给了印度尼西亚 3 个月的调整期，所以印度尼西亚认为此行为也违反了多哈会议所通过的决定。面对印度尼西亚的指责，美国方面给出如下解释：在颁布禁止进口印度尼西亚丁香烟之时，美国的香烟市场上还有其他种类的香烟，因此，印度尼西亚认为只针对其丁香烟的观点不合理；在调整期的问题上，美国认为即使给予印度尼西亚不少于 6 个月的调整期，印度尼西亚相关产业也无法按期完成相关调整，即便将印度尼西亚的调整期限扩大至一年，印度尼西亚也无法对丁香烟做出相应调整。从陈述中我们可以看出，美国有关调整期的解释是基于其自主判断之上的，并无实际证据支持，在这一点上美国显然处于劣势，所以美国的大部分请求都被专家组驳回了。

美国与印度尼西亚间的贸易纠纷严重影响了印度尼西亚丁香烟生产商的利益。印度尼西亚官员表示，《联邦食品、药品和化妆品法》的出台给相关行业带来的损失超过 1.6 亿美元，而此前印度尼西亚出口美国丁香烟的总额约为 2 亿美元，同时随着出口的下降，印度尼西亚内部的失业等问题也随之而来。对于美国来说，由于丁香烟在其香烟市场的比例仅占 0.99%，所以对丁香烟的禁令并没有影响到美国大部分行业的利益，相比于经济损失，此次美国丁香烟贸易战带来的社会问题似乎更加严重。一方面，美国政府需要对薄荷烟的主要消费人群——黑人儿童就为何只禁止丁香烟做出解释，该解释既需要表明美国控制青少年吸烟的立场，又要避免被认为是歧视黑人儿童的情况出现，这对于美国相关部门来说是个不小的考验。另一方面，在世贸组织专家组做出判决后，美国内部再次分为两大阵营，支持贸易的一方认为美国应尽快调整《联邦食品、药品和化妆品法》，以维持与印度尼西亚间的贸易往来，而支持控制青少年吸烟的另一方则表示要坚持美国原来的规定，以保护青少年的成长为重点。双方就此僵持不下，而此时的美国政府也意识到，无论最后选择哪种方式，都会引起另一派的不满，其社会秩序都将会受到较大的威胁。除此之外，美国此次对印度尼西亚丁香烟颁布禁令还对其世界地位造成了较大影响，美国利用自身霸主地位损害他国利益的形象也更加突出。由于美国在谈判时态度强硬，导致印度尼西亚将美国告至世贸组织，使美国内部争端不断。印度尼西亚贸易部国际贸易合作总司总司长伊曼曾说："美国总是要求其他国家遵守世贸组织的规定，却对其国内违反相关规定的政策视而不见，"表达了对丁香烟禁令的不满。换个角度想，美国的经济政治地位远远高于印度尼西亚，印度尼西亚政府并不敢像欧盟等国家一样直接向世贸组织上诉，这也是印度尼西亚首先提出磋商的原因，如果美国在磋商过程中放弃那些无关紧要的利益从而换取印度尼西亚政府对丁香烟禁令的妥协，双方也不会因此而造成严重的经济损失，美国内部也不会面临较严重的社会危机。由此可见，美国之所以面临较大的政治危机，与其自身强硬的外交态度有直接的关系。特朗普上任后，多次表示将对中国、韩国、马来西亚、菲律宾等国家发起贸易制裁，此举也再次证明了美国在未来一段时间内还将继续利用其霸权来统治世界经济，那么对于东盟国家来说，与其成员国建立良好的外交关系尤为重要，东盟各成员国应该充分利用自身的优势，积极与其他各国合作，相互支持，取长补短，尽可能向欧盟靠拢，进而结合各国力量使东盟成为可以与欧盟媲美的组织。对于东盟成员国内经济实力较弱的国家来说，想要在与美国的直接交锋中最大限度地维护自己的利益，除了要提高自身的生产力之外，还要注意利用各种渠道加强与周边国家的友好合作。

当贸易非歧视与环保问题挂钩时，无论世贸组织做出怎样的判决，都会引起社会争议。1996 年 10 月，马来西亚、泰国等国家共同就美国进口虾一事向世贸组织提出申诉，认为美国违反了最惠国待遇原则和普遍取消数量限制原则，世贸组织随即展开调查。

之所以说此案会引起社会争议是因为美国禁止进口虾是出于对环境的保护。由于捕捞虾会造成海龟的非正常死亡，导致海龟数量逐年递减，所以美国政府认为需要通过禁止虾进口进而保护海龟。1987 年，美国更是通过法律手段要求其国内符合规定的渔民采用“滤龟装置”捕虾。《关贸总协定》（1994）第 20 条：成员国如果为了保护人类、动物、植物的生命和健康，或者为了保护濒临灭绝的自然资源必须采取某种措施，可以不受条约义务约束，实行进口禁止或限制。美国借此环保例外条款宣布：除 43 个国家外，其他国家在向美国出口虾前需要提交证明其在捕捞过程未伤及海龟的证据，否则不予出口。从美国的此项规定我们可以看出，美国此举的主要目的是限制其他国家向美国出口海虾产品，因为提供捕捞过程中未伤及海龟的证据是十分困难的，即使其他国家按要求提交证据，想必美国也会利用各种借口来阻碍海虾的进口，因此，此决定一经宣布便引来了众多国家的不满，特别是泰国、马来西亚等海虾产品的主要出口国。

马来西亚、泰国、巴基斯坦和印度共同提出申诉，表示由于其文化、教育体系和法律体系较为完善，所以在捕捞海虾的过程中不可能伤及海龟，且使用美国的“滤龟装置”并非保护海龟的唯一方法，而美国却以马来西亚、泰国、巴基斯坦和印度四国的海龟数量逐年减少作为回应，加之美国宣称此举与保护环境有关，导致世贸组织的裁定变得异常艰难。

马来西亚、泰国、巴基斯坦和印度认为美国此举违反了非歧视原则和普遍取消数量限制原则，同时对美国在措施实施前给予部分国家 3 年调整期而只给予马来西亚、泰国、巴基斯坦和印度四国 4 个月的调整期表达了不满。对此，美方认为对海虾的进口限制不仅限于上述国家，其国内也有相关规定，因此不存在歧视。除此之外，关于海龟是否属于《关贸总协定》（1994）中规定的“濒临灭绝的自然资源”也引起了较大的争议，美方认为海龟属于“濒临灭绝的自然资源”，但申诉方却认为该项自然资源是指非生态资源，在此问题上专家组五人也并未达成一致意见，可作为第三方的欧盟提出的“不受条约义务约束，实行进口禁止或限制”的前提是符合《关贸总协定》（1994）第 20 条的序言的观点使美国在此问题上处于不利地位。最终，专家组在 1998 年 5 月宣判支持申诉方的诉求，认为美国关于海虾的做法并不符合《关贸总协定》（1994）第 20 条的要求，要求其在规定时间内进行修改。判决宣布后，立刻引起了社会各界的热议，有部分社会人士认为世贸组织的此次裁决是弃社会环境于不顾，一味地考虑贸易的结果，在社会各界的压力下，世贸组织成立了相关组织负责涉及环境的贸易纠纷。我们可以想到的是，即便世贸组织做出相反的判决，仍会有学者对其进行批评，认为其没有按照相关规定进行判决，进而影响了贸易的公平。美国此次“借龟拒虾”的措施完美地利用了《关贸总协定》（1994）中的“环保例外”条款，虽然最终被判定为不符合适用条件，但社会各界对最终判决结果的批评却使世贸组织陷入尴尬境地。值得我们注意的是，在上述案例判决的过程中，专家组并没有对海洋保护中心、国际环境法中心和世界自然基金三个组织提出的案情摘要予以考虑，这一点也值得其他国家加以重视，即在专家组进行判决的过程中，仅需要积极配合专家组的调查，不必提供专家组不需要甚至没做要求的证据。

那么美国对虾进口的限制仅仅是出于对海龟的保护么？当然不是。可以说，美国此举是以“保护海龟”为借口对美国渔业进行保护。美国作为消费大国，对海虾等海产品的需求较大，随着世界各国渔业的发展，来自印度、泰国、马来西亚等国的海产品逐渐占据美国市场，这对于本就不发达的美国渔业来说是个不小的打击，美国政府为保护其国内渔夫的利益，就以保护环境为由对大部分国家实施了进口虾的限制。

从以上案例中我们可以发现，美国实施的各项贸易限定政策大多是为了保护本国相关产业的利益，进而为本国产业发展争取时间。利益受损国应当及时向世贸组织申诉，以得到公正的判决；要加强与周边国家的合作并在必要的时候寻求帮助。除此之外，还要加强本国的外交实力，积极协商，争取将损失降到最低。针对不公平贸易政策，不协商而直接向世贸组织申诉不仅会破坏与美国间的贸易往来，还会影响双方相关产业的发展甚至波及其他产业，对于多数发展中国家来说并非明智之举，所以应积极协商，从而避免双方利益都受损的情况发生。

第四节　货物贸易纠纷——美国与拉美国家

（一）美国与委内瑞拉的贸易纠纷

提到美国与拉美国家的货物贸易战，就不得不提到委内瑞拉利用世贸组织规则维护本国正当权益的案例，这也是世贸组织成立后处理的第一起贸易争端，对美国、委内瑞拉和世贸组织来说都有极其重要的意义。

1993 年，美国宣布按照《清洁空气法》的“汽油规则”对本国汽油市场进行监管，国内 1990 年 6 月前营业的汽油公司可以按照自己的标准进行制造，而国外企业及 1990 年 6 月后所成立的企业销售的汽油都必须符合新的清洁度标准。新汽油标准在各个方面都比美国的标准要高，这对于当时在美国有大量石油市场的委内瑞拉来说极其不利，所以委内瑞拉认为美国此举违反了国民待遇原则，于 1995 年 1 月 23 日向世贸组织提出申诉。1994 年，世贸组织争端解决机制专家组表示支持上诉意见，认为美国的政策存在歧视性条款，美国随即提出上诉。1996 年 5 月 20 日，世贸组织做出最终裁决，美国败诉。美国在 1997 年 8 月修改了其关于汽油标准的政策，这场发展中国家与超级大国美国间的货物贸易战也告一段落。

显而易见，美国在 1993 年提出对国外石油实施新的技术标准的原因是为了保护国内的石油市场。据统计，国营委内瑞拉石油公司 PDVSA 是美国的第七大投资企业，其控股的 CitgoPetorelum 公司在美国汽油市场的份额高达 9%，且委内瑞拉作为石油输出大国，其国内的石油技术发展能力不断增强，对国内生产总值的贡献越来越大，作为其主要的进口国，美国必然会担心国内的市场被其他国家所占据。石油是国家工业发展的关键，一旦其市场被其他国家所控制，美国在其他方面的发展也必然会受到该国的限制，甚至会失去世界霸主地位，所以美国政府看到委内瑞拉的石油行业日益崛起后做出了带有歧视色彩的相关规定。

此次石油贸易战以委内瑞拉的胜利而告终，意义非同一般。首先，对于世贸组织来说，针对其成立后的第一起贸易争端，其争端解决机制能在合理的时间内做出正确的判决，利用自己的职权为公平贸易打下良好的基础，大大增强了世界各国对世贸组织的信任，有助于其今后的发展。其次，对于委内瑞拉来说，此次贸易战的胜利不仅帮助其避免了大量的经济损失，也帮助其树立了敢于向美国等发达国家抗议的信心，对于委内瑞拉之后的贸易发展有着十分重要的意义。最后，此次委内瑞拉的胜利也极大地鼓励了其他发展中国家，使它们在面对不公平待遇时敢于利用世贸组织争端机制来维护本国利益。可以说，此次委内瑞拉胜利的意义远不止避免了经济损失，更重要的是使世界自由、公平贸易有了突破性的进展。

由于委内瑞拉以石油输出为其国内经济的支撑，所以其石油行业被美国作为对其制裁的主要对象。2017 年 7 月 31 日，美国政府宣布正在考虑对委内瑞拉进行制裁，原因是其政府执意在 7 月 30 日进行制宪大会选举。随后有学者表示，美国的此次制裁一旦形成将会导致石油价格的提高，美国提炼原油的企业也会遭受损失，与此相对的是，中国和印度有可能因制裁而受益。但美国政府不顾上述担忧，于 2017 年 8 月对委内瑞拉政府和其国家石油公司实施制裁，要求美国企业禁止与上述两实体发行的债务和证券进行交易，同时禁止委内瑞拉政府的红利支付等。面对美国政府的制裁，委内瑞拉总统马杜罗在 9 月 7 日宣布委内瑞拉实行新的支付机制，在石油交易中摒弃美元，转而将人民币、卢布、日元、欧元和卢比作为新的支付手段并发布了以人民币为计价方式的石油和燃料价格。马杜罗表示此举纯粹为对本国经济的捍卫，在美国的压迫下委内瑞拉政府不得不放弃美元，使用其他货币进行石油交易以避免受到美国其他政策的影响。2017 年 12 月，马杜罗再次表示委内瑞拉国家石油公司愿意放弃对美国出口原油并将其主要市场转向亚洲地区，但由于中国是委内瑞拉最大的贷款国，双方在 2007 年就签订了“以油换贷”的协议，也就是说，中国作为石油进口大国，在与委内瑞拉的交易中无须付款，这对于委内瑞拉的外汇收入是一个沉重的打击，更对其石油转向亚洲市场的政策是否有效增加了不确定性。

就此看来，双方在 1995 年的纠纷后仍然冲突不断，美国仍继续对委内瑞拉的石油行业施压，进而希望加强对委内瑞拉的控制。但就现状而言，美国与委内瑞拉的石油贸易纠纷不会造成更大的经济损失。虽然美国对委内瑞拉政府及其石油公司的证券交易做出制裁，但却没有对其石油的进口采取相关措施，这是因为美国与委内瑞拉的石油贸易对双方来说都十分重要，委内瑞拉在地理位置上具有优势，美国需要从委内瑞拉进行石油进口，而委内瑞拉也需要通过石油交易获得外汇收入，因此，即便美国对委内瑞拉实施制裁，也不会波及双方石油的贸易往来，但目前委内瑞拉石油产量和相关公司信誉的下降很可能会导致其外汇收入减少，这一点值得委内瑞拉政府重视。

从上述说明中我们得知，美国与委内瑞拉的矛盾至今仍在继续，且美国政府对委内瑞拉发起的制裁包含有政治因素。

（二）美国与墨西哥的贸易纠纷

美国不仅仅与亚洲国家有激烈的货物贸易冲突，与其近邻拉美国家间也有因利益关系发生的贸易冲突，即使是与同为《北美自由贸易协定》成员的墨西哥，美国也进行了一场长达近 20 年的货物贸易战。

双方争端自 1995 年开始，就墨西哥货车是否能进入美国发生争执。按照

《北美自由贸易协定》的规定，墨西哥货车可以进入美国境内，但由于美国国内汽车市场的生产力较落后，对其工人利益有强烈保护心理的国会担心其国内汽车市场会因此而受到冲击，要求美国政府拒绝执行此项规定，政府迫于压力被迫服从。美国政府的"违约"引起墨西哥政府的不满，双方贸易战就此拉开帷幕。在与墨西哥进行多次协商后，美国政府深知其理亏，于2007年对100家符合美国安全要求的墨西哥货车准予入境，双方在货车入境一事上的关系也趋于缓和。但就在允许墨西哥货车进入美国境内两年后的2009年，美国国会再次表示取消《北美自由贸易协定》中允许墨西哥货车进入美国国境的规定，甚至以墨西哥货车用油不符合美国标准、墨西哥司机不会说英语等理由通过立法将墨西哥货车"驱逐出境"，墨西哥政府在得到通知后随即表示对美国89种商品征收关税作为对美国国会立法的回应，稍有缓和的美墨关系再次出现问题，双方政府也再次针锋相对。面对墨西哥的反抗，美国对此虽有不满，但迫于国会的压力也就此放任。2010年8月，墨西哥经济部表示为报复美国禁止墨西哥货车入境，将对2009年提出的征收关税物品清单做出调整，取消16项产品，加入26项产品，调整后的产品包括开心果、口香糖、猪肉、番茄酱等农产品和工业品，涉及的贸易总额高达25亿美元。巨额的关税使美国政府不得不对此表示重视，美国贸易代表科克表示将积极与国会进行协商，尽快解决纠纷。

上述贸易纠纷发生的主要原因是美国汽车行业的生产力较落后，国会为了保证其工人的利益，对美国政府进行施压，使美国政府不得不终止对墨西哥货车发放入境许可证的政策，由此引发贸易战。可以说，此次墨西哥对美国产品征收关税实属无奈之举，但也正是墨西哥更深力度的报复行为，令美国43个州的产品利益受到伤害，使美国政府加快了与国会的协商速度，维护了墨西哥公民的基本权益。在墨西哥的强压之下，2011年7月6日美墨两国运输部就上述问题达成和解，美国允许墨西哥货车进入美国，墨西哥政府也将逐步解除对美国商品征收关税的措施，此次贸易纠纷就此告一段落。此次贸易战的发生仍然是美国为了保护国内厂商的利益而对外国相关产业实施不公平政策，可见美国国会对其工人利益的维护力度，值得其他国家进入美国市场时注意。

在双方对峙的20年内，墨西哥汽车及其相关产业的发展、美国生产商的收益都受到了较大的损害，这也再次说明了贸易纠纷必然给人民带来危害。从此次贸易战中，我们再次看到了美国强硬的外交态度和霸道的处理行为：在《北美自由贸易协定》签署一年后，美国单方面表示不执行相关规定、以无理理由立法禁止墨西哥货车再次进入国境，体现了美国唯我独尊的思想。除此之外，我们也可以看到美国政府与国会间的力量抗衡，双方在无法就同一事项达成一致意见时，无论是政府还是国会，均不敢轻举妄动。

那么在与美国进行贸易的过程中，我们应该怎样做才能避免与美国发生冲突或尽可能地减少贸易战带来的损失呢？首先，要注意加强与美国政府与国会间的沟通，因为一旦双方有一方持反对意见，双方就会进行多次的谈判，就能直接减慢政府对外实施政策的速度，但如果双方处于相互制裁期间，美国政府与国会间的判断则会给双方国家的经济造成更大的损害。其次，在面对不公平政策时要敢于据理力争，美国单方面拒绝执行《北美自由贸易协定》规定，又以各种理由通过立法限制墨西哥货车的进入，使墨西哥的利益受到了严重的损害，但墨西哥并未选择低头，而是通过对美国产品征收关税迫使美国再次与其协商，墨西哥在面对不合理要求时的反抗是值得其他国家学习的。20 世纪 90 年代的日本面对美国的制裁时多次选择忍让，让美国在当时的贸易制裁中处于有利地位，给美国提供了进一步提出要求的机会，使日本在与美国的对抗中损失惨重，与其对美国让步，不如对外展示出自己强硬的态度，最终利用制裁迫使美国做出改变。最后，在发起贸易制裁时要针对对方的弱点发起制裁。就上述案例来说，墨西哥作为美国最重要的出口市场国之一，其选择向美国产品征收关税的做法显然给美国政府和国会造成了巨大的压力，因关税而受到影响的产品出口商也必然会对国会施压，使国会与政府不得不调整其政策。

在《北美自由贸易协定》达成 22 年后，美国与墨西哥的冲突依然在持续。特朗普早在竞选之时，就表示上任后将对墨西哥提高贸易壁垒、驱逐美国非法移民、重新协商《北美自由贸易协定》和建立美国与墨西哥的边境墙，上任后更是多次将提高贸易壁垒的矛头指向墨西哥，提出通过提高关税使其他各国公司放弃在墨西哥投资建厂的想法，美墨双方在会晤中也发生了较大的冲突。特朗普在上任后的第五天便签署了建筑美墨边境墙的命令，这引起了墨西哥人民的强烈不满，爆发了多次示威游行活动，然而美国继续我行我素，通过向墨西哥产品征收关税间接向墨西哥索取建墙费用，墨西哥随即宣布对美国玉米进行抵制，与反抗美国禁止墨西哥货车入境一样，希望通过限制进口美国玉米逼迫美国改变主意。但美国执意建造边境墙，可美国国土安全部高达 216 亿美元的建墙预算打乱了特朗普的预算。据资料显示，特朗普竞选时宣称将利用 120 亿美元修建美墨之间的边境墙，如今 96 亿美元的差额将美国政府推到了风口浪尖。由于资金缺乏，美国短时间内不可能开始建墙工作，使墨西哥松了一口气，但对于美国政府来说，特朗普此次“出尔反尔”的行为必然会损害民众对政府的信任，那么如何挽回已经受到的损失、如何继续边境墙的建设和如何帮助美国民众重拾对政府的信心就成为了特朗普及其团队首要解决的问题。就目前来看，墨西哥作为美国最大的出口市场之一，其一举一动都会对美国的生产产生较大影响，而生产商的利益又将直接影响国会的行为，由此看来，即便特朗普的态度强硬，也必然不敢对墨西哥实施大强度的制裁，也就是说，即便美国执意建造边境墙，也不会对墨西哥做出过于强硬的要求，虽然2018年1月下旬特朗普仍要求墨西哥为边境墙的修建提供200亿美元，但墨西哥外交部部长的强硬态度使美国不敢轻举妄动。

由此看来，美墨双方虽然同为《北美自由贸易协定》成员，但历年来双方间的经济政治冲突不断，《北美自由贸易协定》的作用也逐渐下降。随着中国等新兴国家的兴起，美国政府提出了“美国至上”的要求：要求其同盟国给予美国更大的支持，美国却减少对其的帮助，这一政策使部分亚洲国家开始向中国靠拢，委内瑞拉等拉美国家也在美国的压迫之下将主要市场转向亚洲，导致美国陷入尴尬的境地，如果美国政府再通过建造边境墙、重新协商《北美自由贸易协定》等方式破坏其与墨西哥和加拿大的关系，其世界霸主的地位也必然会受到挑战。

第五节　货物贸易纠纷——美国与其他国家

（一）美国与印度的贸易纠纷

1995年4月18日，美国宣布对印度进口的羊毛织物男工衬衣和女式衬衣实施限制，印度政府随即要求与美国政府协商，但协商仍没有使双方达成一致意见，印度无奈向世贸组织提出申请。

此次贸易纠纷的发起者依然是美国，原因则是美国方面认为印度羊毛织物男工衬衣和女式衬衣的进口对美国本土企业造成了较大影响，影响范围包括羊毛织物产业的就业、福利待遇和价格等方面，美国实施过渡性的保护措施，旨在避免美国受到更严重的损害。在案件审理过程中，印度方面认为美国在利用《纺织品与服装协定》第6条时提供的数据和分析方法有误，不能分析出美国羊毛织物产业生产力的下降与印度羊毛织物男工衬衣和女式衬衣的进口有关。另外，印度方面认为美方提出的数据不符合《纺织品与服装协定》第 6 条第 2 款和第 3 款的要求，要求世贸组织争端解决实体对美国限制进口印度羊毛织物男工衬衣和女式衬衣的政策做出合理判决。

《纺织品与服装协定》第 6 条第 2 款的要求是：确定一特定产品进口至其领土内的数量增加，对生产同类产品或有直接竞争产品的国内产业造成严重损害或严重损害的实际威胁，则可根据本条采取保障措施。必须能够证明严重损害或严重损害的实际威胁是由于该产品进口量中此类增加的数量造成的，而不是由于如技术改革或消费者偏好的变化等其他因素造成的。《纺织品与服装协定》第 6 条第 3 款的要求是：在确定第 2 款所指的严重损害或严重损害的实际威胁时，有关成员应审查这些进口对特定产业状况的影响，此种影响可反映在下列有关经济变量的变化中：产量、生产率、开工率、库存、市场份额、出口、工资、就业、国内价格、利润和投资；任何变量，无论单独还是与其他因素相结合，均未必能够给予决定性的指导。世贸组织争端解决实体在针对上述两项条款进行审查的过程中，认为美方提供的数据范围过于宽泛，包括 440 类的羊毛衫，无法证明进口印度羊毛织物男工衬衣和女式衬衣造成了美国产业内就业和福利待遇等方面的变化，基本的数据提供有误也无法说明美国相关产业内的变化，更不能说明进口印度的羊毛织物男工衬衣和女式衬衣给美国羊毛产业造成的严重损害或严重损害的实际威胁。另外，贸易提供的资料也并不涵盖生产率、库存和出口等，也就是说，美国政府提供的数据不具体也不完整。世贸组织争端解决实体专家组认为，美国提供的证据不足以说明其国内羊毛产业就业和福利的下降与进口印度羊毛织物男工衬衣和女式衬衣有关，美国对于限制印度羊毛织物男工衬衣和女式衬衣的进口政策不符合《纺织品与服装协定》第 6 条的要求，要求美国撤销该项措施。

专家组判决后，美国撤销了限制进口印度羊毛织物男工衬衣和女式衬衣的政策，双方的羊毛织物产业市场逐渐恢复正常。从该案例中我们可以看到，美国为了保护其国内的产业利益，会在其他国家还没有对美国市场造成实际威胁时就制定相关措施，并将扭曲的法律规定作为本国政策的依据，如美国单纯地认为其国内羊毛织物产业生产力的减退和厂商福利的下降与印度羊毛织物男工衬衣和女式衬衣的进口有关，而没有考虑产生此现象的其他原因，如国内技术的不足和消费者偏好的变化等。由此可见，美国实施的政策并不一定具有完全充分的证据，也间接体现了其在世界贸易中的无理与强势。

这就要求其他与美国有贸易往来的国家要在面临不公平政策时敢于利用世贸组织来维护本国的基本利益，例如上述案例中的印度，在与美国协商无果后，果断将美国此举上报至世贸组织，并在案件审理的过程中及时指出美国数据的不合理和不完整性，找到美国所谓“证据”的盲点，进而维护本国相关产业的基本利益。当然，印度此次贸易战的胜利也为其他国家树立了信心，使美国不敢再利用相似手段对其他国家进行制裁，如果印度此次放任美国对羊毛织物男工衬衣和女式衬衣的进口进行限制，美国就很有可能变本加厉，利用更无理的手段来制裁印度，保证本国利益，甚至也有可能通过类似的手段对其他国家进行制裁，后果将不堪设想。

印度相对于其他与美国发生货物贸易战的国家的不同之处是其现在与美国的关系较好，是美国在亚洲地区的盟友，将成为美国抑制中国的工具。但印度不能过度依赖美国，因为任何一个国家均以本国利益为中心，一旦美国需要在亚洲牺牲一个盟友，那么经济实力较差的印度将成为首个牺牲对象，美国很有可能会利用上述无理的手段抑制印度经济的发展，其最终很可能会像 20 世纪 90 年代的日本一样，对美国过度忍让最终影响其经济发展。综上，印度作为美国在亚洲的盟友，不仅要注意与美国的关系，也要加强与亚洲国家的联系，如果缺少亚洲国家的支持，美国一旦对其发起制裁，印度经济就会遭受巨大影响，这一点值得印度方面深入考虑。

（二）美国与韩国的贸易纠纷

除印度外，美国在历史上也与韩国就酒征收关税一事产生了较大的冲突。韩国对酒征税主要依靠《酒税法》和《教育税法》，前者是根据酒的售价进行征税，后者则是在酒税的基础上征收一定比例的附加税。按照上述两法的规定，韩国政府宣布对其国内烧酒按 35%的税率征税，对进口蒸馏酒按照 100%的税率征税，这使欧共体与美国纷纷表示不满，它们认为对酒征收不同的税率不符合《关贸总协定》的相关条款。1997 年 5 月 23 日，三方就此问题进行协商，协商无果后欧共体与美国联合向世贸组织提出申诉。

在案件审理过程中，专家组主要就以下几个问题进行了研究：第一，对于韩国提出的欧共体与美国无意协商即双方间磋商不充分的问题，专家组认为只要在磋商后的 60 天后向世贸组织提出申诉即满足世贸组织争端解决实体的要求，而其之间的磋商过程并不能成为专家组界定各方责任的依据，对此不予处理。第二，关于评论和答复欧共体提出的市场研究时长的问题，韩方认为专家组给予韩国一周的时间用来回复不合理，应该准许韩方有更多的时间进行调查研究并给出回复，但专家组表示一周的时间足以让韩国政府进行市场研究，因为该项研究并非关键证据。第三，韩方认为申诉方将其资料作为证据违反保密义务，对此欧共体表示韩国的理解不正确，美国更是表示即使韩方的理解正确，此问题也不属于专家组处理的领域。专家组认为，在审理程序中向专家组提出的为解决纠纷的证据不违反保密义务。第四，韩国提出了欧共体与美国对此案申诉不具体的问题。韩方认为欧共体和美国的诉请并未说明具体的酒类，属于含糊措辞的行为。对此，专家组表示世贸组织争端解决实体要求诉请只需以书面形式提出，阐明是否进行磋商和争议的具体措施，上交一份概述说明其诉请的法律依据即可，本案中欧共体与美国的申诉明确提出了税目号，因此，申诉是具体合理的。第五，韩国提出的准许律师加入专家组的请求被专家组通过。第六，针对韩国内部烧酒和进口蒸馏酒是否属于相同产品和两种酒的税率存在差距是否是对本国酒业的保护问题，韩方提出两者在价格上有着明显的差异且消费者对于两者的需求偏好也有所不同，所以蒸馏酒与烧酒并不属于相同产品，欧共体与美国的申诉是没有道理的，但欧共体与美国却对此提出反对意见，认为两类酒有相同的成分，因此属于相同产品，韩国对相同产品征收不同的税率是违反《关贸总协定》的行为。在双方都陈述自己的观点后，世贸组织争端解决实体做出韩国败诉的判决，并在 1999 年 4 月要求韩国在 15 个月内修改国内法律，但美国和欧共体表示修改法律仅需 6 个月，最终在三方的协商下，确定了韩国修改法律的时间：11 个月零两周。2000 年 3 月，韩国宣布已修改国内法律，对国内烧酒和国外进口蒸馏酒实行相同的税率。

从本案中我们可以看出，关税是一方政府为本国谋取利益的有效渠道，税率直接影响产品的价格，进而影响进出口国的利益。结合上述案例来说，韩国对国外进口蒸馏酒以更高的税率征收关税使其价格上升，出口国的收益下降，显然侵犯了其主要出口国美国的利益：降低了其国内生产商的福利，增加了其国内的失业率，美国对此发起贸易战也情有可原。但韩国政府在此次货物贸易战中失利也确实有遗憾之处，就烧酒和进口蒸馏酒来说，两者在价格方面的确有较大的差异，且由欧共体出版的《向韩国出口食品导读》中也说明了两者是不同的产品，因而韩国败诉被迫修改法律也并非是最公平的结果。由韩国败诉来看，面对贸易争端要就其最有依据的一点进行阐述，而非就多个问题向世贸组织提出异议，韩国应该抓住烧酒与进口蒸馏酒并非相同产品这一点要求世贸组织争端解决实体进行调查，以求从根本上解决此项贸易纠纷。

不难发现，美国与他国发生贸易纠纷大多是出于对本国经济利益的保护，其他国家面对不公平政策时要及时与美国进行协商，在协商无果的情况下要敢于向世贸组织提出申诉，力求自己的损失最小化。

第六节　货物贸易纠纷——美国与中国

中国作为世界第二大经济体，与美国的贸易往来极其密切。相互依赖性较强，贸易中的品种繁多，形成你中有我、我中有你的贸易利益共同体，并由此引发了更多的贸易纠纷，贸易利益越是胶着，贸易纠纷越是难免。两国间贸易往来具体可见表4-4和表4-5。

表4-4　美国自中国进口主要商品构成

单位：百万美元，%

HS编码	商品类别	2018年1~9月	上年同期	同比	占比
85	电机、电气、音像设备及其零附件	107854	100227	7.6	27.3
84	核反应堆、锅炉、机械器具及零件	88720	80504	10.2	22.5
94	家具、寝具等；灯具；活动房	25419	23839	6.6	6.4
95	玩具、游戏或运动用品及其零附件	18147	17179	5.6	4.6
39	塑料及其制品	14120	12107	16.6	3.6
87	车辆及其零附件，但铁道车辆除外	12427	10870	14.3	3.2
64	鞋靴、护腿和类似品及其零件	10752	11011	-2.4	2.7
61	针织或钩编的服装及衣着附件	10722	10564	1.5	2.7
62	非针织或非钩编的服装及衣着附件	9886	10053	-1.7	2.5
73	钢铁制品	9762	8740	11.7	2.5

续表

HS 编码	商品类别	2018 年 1~9 月	上年同期	同比	占比
90	光学、照相、医疗等设备及零附件	9426	8796	7.2	2.4
29	有机化学品	7285	5706	27.7	1.9
63	其他纺织制品；成套品；旧纺织品	6180	5910	4.6	1.6
42	皮革制品；箱包；动物肠线制品	5449	5593	-2.6	1.4
83	贱金属杂项制品	4102	3697	11	1
82	贱金属器具、利口器、餐具及零件	3051	2703	12.9	0.8
44	木及木制品；木炭	3043	2968	2.5	0.8
40	橡胶及其制品	2971	2571	15.6	0.8
48	纸及纸板；纸浆、纸或纸板制品	2609	2393	9	0.7
96	杂项制品	2524	2346	7.6	0.6
70	玻璃及其制品	2387	2155	10.8	0.6
71	珠宝、贵金属制品；仿首饰；硬币	2237	2121	5.5	0.6
76	铝及其制品	2156	2545	-15.3	0.6
69	陶瓷产品	1907	1706	11.8	0.5
68	矿物材料的制品	1715	1423	20.6	0.4
49	印刷品；手稿、打字稿及设计图纸	1688	1610	4.9	0.4
03	鱼及其他水生无脊椎动物	1430	1450	-1.4	0.4
67	加工羽毛及制品；人造制品	1330	1201	10.8	0.3
28	无机化学品；贵金属等的化合物	1279	1016	25.8	0.3
38	杂项化学产品	1245	847	47.1	0.3
以上合计		371823	343850	8.1	94.2

资料来源：中国商务部。

表 4-5　美国向中国出口主要商品构成

单位：百万美元，%

HS 编码	商品类别	2018 年 1~9 月	上年同期	同比	占比
88	航空器、航天器及其零件	12663	11298	12.1	13.6
84	核反应堆、锅炉、机械器具及零件	10978	9456	16.1	11.8
85	电机、电气、音像设备及其零附件	9253	9008	2.7	9.9
27	矿物燃料、矿物油及其产品；沥青	7881	5229	50.7	8.4
87	车辆及其零附件，但铁道车辆除外	7675	9623	-20.2	8.2
90	光学、照相、医疗等设备及零附件	7402	6405	15.6	7.9
39	塑料及其制品	4493	4265	5.4	4.8
12	油籽仁；工业或药用植物；饲料	3449	6045	-42.9	3.7
44	木及木制品；木炭	2354	2348	0.2	2.5
29	有机化学品	2287	1985	15.2	2.5
47	木浆等纤维状纤维素浆；废纸纸板	2135	2501	-14.7	2.3
38	杂项化学产品	2115	1674	26.4	2.3
30	药品	1964	1810	8.5	2.1
71	珠宝、贵金属制品；仿首饰；硬币	1451	935	55.2	1.6
74	铜及其制品	1168	1396	-16.3	1.3
03	鱼及其他水生无脊椎动物	865	928	-6.7	0.9
76	铝及其制品	818	1081	-24.3	0.9
52	棉花	812	801	1.4	0.9
28	无机化学品；贵金属等的化合物	703	574	22.4	0.8

续表

HS 编码	商品类别	2018 年 1~9 月	上年同期	同比	占比
10	谷物	692	1111	-37.7	0.7
48	纸及纸板；纸浆、纸或纸板制品	683	572	19.4	0.7
26	矿砂、矿渣及矿灰	682	731	-6.8	0.7
41	生皮（毛皮除外）及皮革	622	844	-26.4	0.7
73	钢铁制品	558	503	10.9	0.6
40	橡胶及其制品	557	530	5.1	0.6
33	精油香膏；香料制品及化妆盥洗品	519	377	37.8	0.6
72	钢铁	483	825	-41.5	0.5
34	洗涤剂、润滑剂、人造蜡、塑型膏	483	473	2	0.5
37	照相及电影用品	468	406	15.3	0.5
32	鞣料；着色料；涂料；油灰；墨水	355	337	5.1	0.4
以上合计		86568	84071	3	92.8

资料来源：中国商务部。

2013 年底，一份近 10 亿元人民币的罚单在中国境内引起轩然大波，因涉嫌与其他企业串通制定 VC 价格，中国华药集团被美国法庭判决赔偿 1.62 亿美元。除华药集团外，石家庄制药集团维生药业、华源集团江山制药和东北制药三家企业也同为被告，但由于与原告在庭外和解，在支付高于 1000 万美元的款项后免于“天价罚单”的判罚。

由于美国 VC 价格由每公斤 2.5 美元上升至每公斤 15 美元，美国德克萨斯州和新泽西州的两家公司一纸诉状将中国华药集团、石家庄制药集团维生药业、华源集团江山制药和东北制药四家公司告上法庭，指控这四家公司合谋操控价格使美国消费者遭受了经济损失。但美国这项指控明显不符合中国国内市场的状况，河北虽然是生产 VC 的主要省份，但各个厂商各自为营，旨在与其他厂商的竞争中取胜从而获得利益，这与美国所谓的合谋大相径庭。美国判罚的证据是2001年中国主要VC生产商关于VC对外出口价格和数量的协议，协议在中国医药保健品进出口商会组织的会议中达成，令人无奈的是，此次会议正是中国医药保健品进出口商会为避免国内企业受到反垄断指控而发起的，其会议成果竟成为美国反垄断诉讼的证据。对此，中国商务部表示，中国企业的做法合乎情理，并非所谓的故意抬高低价，美国法院的判决有待进一步协商。另外，中国华药集团被判高达10亿元人民币的罚金的合理性也值得商榷，时任华药集团法律事务部部长的张廷德说："华药集团并未向美国出口VC产品，也不是VC分会的会员，其下属公司维尔康制药公司出口份额也小于20%，10亿元人民币的罚单显然有失公平。"

收到判决结果后，中国华药集团首先做出回应，表示会进行上诉，但就业内专家来看，华药集团此次上诉意义不大，其判决结果也不会有较大的改变。虽然华药集团仍然会面临较大力度的处罚，但由于美国法院采用判例法，如果就此接受判决结果，今后中国企业面临反垄断制裁时也将处于不利地位，所以，此次上诉对于未来中国企业进入美国市场有着深远的意义。社会各界对于如何处理这张"天价罚单"也有自己的看法。高达10亿元人民币的罚单对于华药集团来说是其2012年全年利润的52倍，因此有人提出华药集团可就此退出美国市场的观点。退出美国市场，美国的经济判决无法到达中国境内，那么华药集团就可以借此"抵赖"罚款，同时由于华药集团在美国的资产较少，即使美国处置该部分资产也不会给集团造成过大的经济负担。这一观点虽有道理，但是我们要注意实施这一战略的负面影响。首先，华药集团作为上市公司，其退出美国市场"抵赖"罚款的事实一旦传出，将会对企业的声誉造成不可扭转的影响，间接增加该集团进入他国市场的难度。如果美国借此对其他国家施压，迫使其他国家限制华药集团进入其市场，则华药集团的发展将会受到极大的限制。其次，对于已经进入美国市场的中国企业来说，华药集团的"赖账"行为也必然会触怒美国政府，美国政府将会从各个方面限制其在美国的发展，甚至将贸易壁垒延伸至其他行业。再次，华药集团退出美国市场，美国肯定不会善罢甘休，那么在华药集团退出美国市场后想要进入美国市场的中国企业则必将面临更大的障碍。最后，根据"司法协助"的规定，即使华药集团就此退出美国市场，美国也有权要求扣留其在其他国家的资产，也就是说，华药集团仍要支付天价的罚款。综上，华药集团退出美国市场这一方法可谓"得不偿失"。另一类观点是支持华药集团支付罚款，这样做能有效避免上述提到的负面影响，加之华药集团并不可能保证完全退出美国市场，支付罚款则是保全本公司和其他企业在美国市场发展的有效方式。

就在社会各界讨论是选择支付高额罚单还是就此退出美国市场时，华药集团选择了上诉。“上诉之路可以说困难重重，而支撑我们坚持下去的唯一希望就是我们确实是被冤枉的。”华药集团负责人如是说。中国商务部积极与美国相关部门协商，为华药集团提供相应的援助，终于在 2016 年 9 月美国法院宣布：由于中国与美国法律冲突导致了被告方的法律责任，根据国际礼让原则驳回原告诉讼，这场长达 12 年的中美贸易纠纷就此结束。

这场旷日持久的中美反垄断贸易战以中国企业的胜利告终，对于中国来说，这场贸易战胜利的意义深远：一方面，中国企业坚持上诉并最终获得胜利的事实极大地鼓舞了其他中国企业的信心，加快了中国企业“走出去”的脚步。另一方面，华药集团的此次胜利也为中美间反垄断贸易纠纷的处理提供了判例，中美间首次的反垄断纠纷结果也必然会影响今后双方类似案件的判决结果。

虽然本次反垄断诉讼以中国企业胜利而告终，但在兴奋之余我们也应该注意到中国企业“走出去”时由于缺乏经验而造成的后果。为什么美国企业有理由向法院申请判罚中国企业？在中国企业国际化的进程中我们应该注意什么？如何避免对自己不利情况的出现？首先，“走出去”的企业要注意本国与他国在法律、文化、经济秩序等方面的差异，换句话来说，企业进入他国市场最好的方式就是“入乡随俗”，这也是为什么大多数企业选择以并购的方式进入他国市场的原因。上述华药集团的案例也充分说明了这一点，正是因为中美法律的冲突，在国内司空见惯的处理方式在美国却引发了强烈的不满，从而导致了这场近 12 年的诉讼。如果企业有信心能适应国外环境，则可以采取雇用当地人员的办法，学习当地的经营理念，以在保证企业免受市场纠纷的同时更好地发展国外业务。其次，除了要注意双方各方面的差异外，还要切实增强本企业的生产经营能力，“走出去”对于企业来说既是机遇也是挑战，有利于企业汲取国外建设经验，从而加强自身实力，但也对企业在各方面提出了更高的要求。由于国外市场的不确定性，任何一个企业都无法保证其经济利益不受外界影响，所以增强自身实力，让本企业“无可替代”才是一个企业能在他国长期经营的根本。企业成为他国不可或缺的一部分后，即使企业面临着反倾销、反补贴等贸易纠纷，他国在处理上也必然会有所忌惮，也就是说，提升企业自身实力也能间接帮助企业避免不必要的贸易纠纷。最后，要在面临不公平的制裁时有坚定的信心。就在外界都猜测华药集团究竟会支付高额罚单还是就此退出美国市场时，华药集团选择坚持上诉，最终获得了胜利。华药集团工作人员在胜诉后说："我们几乎是在绝望中赢得了公正的判决，"可见正是华药集团不放弃的决心才使诉讼最终获得了胜利，也使今后的中美反垄断纠纷有"例"可寻。

下面我们来介绍美国对中国实施的"有失公平"的反补贴调查。2009年，美国匹兹堡石油钢铁公司、Maverick管材公司等七家公司申请对中国油井管产品进行双反调查，美国商务部随即做出回应并展开调查。2009年12月30日，美国国际贸易委员会做出对中国油井管产品征收10.36%~15.78%的关税的决定，涉案金额高达27亿美元，巨大的数额再次引起中国商务部的强烈不满，新闻发言人姚坚说："美方继续沿用其反补贴初裁调查中的歧视性做法，错误认定存在补贴并任意提高反补贴税率，中方对此表示强烈不满和坚决反对。"

这场贸易纠纷的产生有经济和政治两方面的原因。经济方面：中国自入世以来，经济发展迅速，2006~2008年，中国企业在美国油井管产业市场的占有率由15%上升至32%，2008年的出口总额更是达到了27亿美元，面对中国企业的强势劲头，美国企业和政府对国内的油井管市场甚是担忧。为了更好地限制中国企业在美国市场的发展，美国七家公司要求对中国企业进行反倾销、反补贴调查，这一做法有效地抑制了中国企业占领美国市场的速度，也为本国相关产业的发展争取了较多的发展时间。政治方面：第一，2010年正值美国总统换届期，中国企业的涌入造成了美国极高的失业率，奥巴马想要连任，就必须做出一系列改变来降低美国的失业率，从而获取工会的支持。就此看来，对中国油井管进行双反调查则成为首选之策，一方面可以帮助美国企业重新占领相关产业市场，另一方面也为本国提供了大量的就业机会。第二，入世后的强势发展使中国跻身经济大国的行列，随着国内市场生产力的提高，中国实现成为经济强国的目标指日可待，届时中国将成为美国的另一大竞争对手，同时中国一向采取"和平外交"的政策，与美国的强势相比中国则显得更加"亲民"，一旦中国具有与美国相近的经济实力时，中国也必将成为各国期望加强合作的对象，这就必然会对美国经济形成冲击。为了避免上述情况的出现，奥巴马政府就必须对其进行遏制，这也是美国对中国实施反补贴调查的另一大原因。第三，出口是各国外汇收入的主要来源，是一国经济发展的助推力，随着中国出口市场活力的增强，美国为了保证其经济强国的地位，必须对中国出口实施更大的限制，那么已经占据美国大部分市场的油井管产业就成为了反倾销、反补贴的对象。

如果说美国出于对本国油井管市场的保护、对本国在世界中经济地位的维护对中国产品实施反倾销、反补贴调查算得上是正当理由的话，那么其提供的证据和理由则明显有失公平。美方认为，中国政府对油井管业的巨大补贴使中国企业出口美国的产品倾销率高达40%~90%，对此中方表示，美国方面认为的中国政府的补贴并不符合真实情况，中国政府并没有像美国所认为的那样对所有的产品都进行补贴。另外，倾销是指一国以低于本国市场的价格向其他国家出口商品，也就是说，美国政府判定倾销的依据应该是中国国内市场的价格，但美国政府却没有将中国市场油井管业的价格作为基准，而是利用其他国家的产品价格来判定中国产品构成倾销，这显然不符合惯例。

可以说，2009年美国发起的这场针对中国油井管业产品的反倾销、反补贴调查是有失公平的，这从侧面反映了美国对中国市场崛起的担忧及美国贸易保护主义的抬头。其实，在2005年美国就通过了《美国贸易权利执行法案》，规定美国可以对发展中国家进行反补贴调查，主要针对中国企业，这就已经预示了美国贸易保护主义的抬头。美国针对中国产品的法案让我们有理由相信，在未来美国为了保护本国在世界市场的经济地位，必然会对中国进行更深程度的双反调查，这一点值得中国企业重视。

美国身为经济强国，其一举一动都会受到世界各国极大的关注，对中国的反倾销、反补贴调查方式也极有可能被其他国家所效仿，这对于正在“走出去”的中国政府和企业是十分不利的，会对中国经济的发展造成较大的影响。中国企业在面对不公平制裁时除了要据理力争外，企业自身也应该通过科技创新等提升竞争力，保证其在国际市场上的快速发展。

综上，美国与中国间的货物贸易战大多由美国发起，大多是由于中国企业在美国市场的占有率较高，而美国要使自身的利益最大化，同时，出于对政治方面的考虑，美国希望通过各种方式来减缓中国经济的发展。大多数美国发起的制裁的依据并不客观，中国企业因此蒙冤的案例不在少数，这也必须引起中国企业甚至是政府的关注，如何能有效地避免美国有失公平的判决导致本国利益受损的情况也值得我们深思。

第五章 服务贸易纠纷案例与分析

第一节 服务贸易纠纷——欧盟与美国

美国与欧盟分别采取全球征税体系和本土征税体系。全球征税体系是指对本国居民的所有收入征税，无论其是否属于境内收入，同时对外国公司在美国的收入征税。本土征税体系则指对在其境内获得的收入征税。就欧盟国家的企业来说，可以选择在征税率较低的国家设立工厂从而降低企业的税收压力。但就美国的企业来说，则没有上述优势，这就相当于直接增加了美国企业的税收负担，间接降低了其发展出口的动力。因此，美国企业界对于全球征税体系可谓抱怨不断，虽然美国政府多次对其税收政策进行调整，但美国企业的竞争力仍无法与欧盟国家的企业相提并论。1971 年，美国建立“国内对外销售公司税收制度”，基本内容是对外国销售公司的特定交易（销售和租赁）收入免税，但其产品必须是由外国销售公司之外的其他人生产的，这一政策的出台迅速引起了欧共体国家的不满，为缓解其他国家的不满情绪，美国政府于 1984 年出台“赤字减少法案”并用“外国销售公司税收制度”替代“国内对外销售公司税收制度”。然而，美国的改变却没有得到欧共体的认可，1997 年 11 月 18 日欧共体提出与美国进行磋商，在双方未达成一致意见后欧共体于 1998 年 7 月 1 日向世贸组织申诉，认为美国的上述做法违反了反补贴协议和反倾销措施。对此，美国方面认为世贸组织无权干涉一国的税收体制，欧盟上述对美国的诉讼并不合理，但专家组却认为世贸组织虽无权干涉一国税收体制，但美国的新政策的确会间接给予出口商一定程度的补贴，增加其出口竞争力，从而对其他国家的出口厂商形成威胁，属于世贸组织的管理范围，因此世贸组织有权干涉。专家组认为，美国的此项政策可以构成“出口补贴”，因为其帮助出口商减少了近14亿美元的支出，欧盟的诉讼成立。1999年10月，专家组宣判美国“赤字减少法案”和“外国销售公司税收制度”违反《补贴与反补贴措施协议》和《农产品协议》，美国于2000年11月颁布替代法案《美国联邦储蓄保险公司替代和境外收入法》作为对世贸组织裁定结果的回应，但欧盟再次表示不满，并提出对美国产品加收100%关税的反措施，在美国表示反对后，双方再次上诉世贸组织。2002年1月，世贸组织争端解决机构认定美国上述修改法案仍不符合《补贴与反补贴措施协议》《农产品协议》和《关贸总协定》的相关规定并授权欧盟对美国进行40.43亿美元的贸易制裁。2004年3月起，欧盟对美国产品加征5%的关税，税率每月增加1%，迫使美国于2005年废除替代法案。

欧盟对美国“赤字减少法案”和“外国销售公司税收制度”的指控不容置疑，那么在美国签署替代法案后为何再次被否决呢？美国国会认为，新的替代法案扩大了免税范围——在美国境内及境外生产，免税规则方面也做了较大的改动，但专家组认为该项替代法案只是改变了其措辞手法，并未真正改变其税收体系，因此专家组认定美国的替代法案仍不符合规定。

美国特有的税收体制降低了其出口商的竞争力，为改善贸易状况，美国政府不得不牺牲部分税收收入增加出口商的竞争力，但这一做法引来了其他国家的不满从而使本国陷入不利境地。美国补贴的重点领域是双方贸易往来的关键领域，欧盟必须在此次贸易战中获得胜利才能保证本国企业的利益不受侵害。此次贸易战的发生仍然是由于双方的利益纠纷问题，长达7年，即使在美国废除替代法颁布新法令后，欧盟和世贸组织仍认为其不符合相关规定，给双方造成了较大损失。对于美国来说，欧盟2004年开始实施的贸易制裁和按月增加的税收比例给美国政府带来了较大的压力，2004年3月至2005年1月欧盟对美国的税率由5%上升至14%，使美国最终废除了替代法案，同时也影响了双方在对方的贸易往来。

美国与欧盟的此次贸易战以美国的失败告终，但美国在放弃替代法案后仍没有停止对出口商的帮助，部分规定仍不符合世贸组织的相关规定，这也就再次使美国陷入不利局面。美国与欧盟税收体制的不一致导致美国在获得更多财政收入的同时降低了其出口商在世界市场的竞争力，而美国帮助其出口商提高竞争力又不免与其他国家发生冲突，从而导致了贸易战的发生。美国与欧盟的此次贸易战提醒其他国家，在建立和修改其政策时要注意财政收入与贸易竞争力的平衡。由于美国与欧盟的产业结构类似，其出口产品也有极大的相似性，因此，任何一方贸易政策的改变都将会直接影响双方的贸易出口份额。欧盟内部采取一致的税收体系，在双方出口产品并无较大差异的条件下，美国便显得形单影只，加之其税收体系对出口厂商的负面影响，其出口份额必将受到较大的损失。对于与美国有相似情况的国家来说，如果想增加出口商的竞争力，采取相关措施是必要的，但要注意是否违反《关贸总协定》的相关条例，着力于提高本企业的生产效率和质量，国家政策作为一种辅助机制，并不能完全改善其贸易情况，甚至还可能引发贸易纠纷，因此，最好的提高本国企业竞争力的办法就是加强企业的生产实力，从而改善当下的贸易状况。

同样是针对世贸组织的《补贴与反补贴措施协议》，美国与欧盟的飞机产业贸易冲突却以美国胜利告终。

波音公司成立于1916年7月1日，建立初期以生产军用飞机为主，1938年研制开发波音307作为第一种带增压客舱的民用客机，开始涉足民用运输机。20世纪60年代以后，波音公司的主要业务由军用飞机转向民用飞机，先后发展了波音727、波音737、波音747、波音757、波音767等型号，1997年，波音公司注资133亿美元获得麦道公司65%的控股权，凭借着其自身的经济技术实力和长期以来的信誉和客户，波音逐步成为全球主要的商用飞机制造商。

空中客车公司则于1970年在法国成立，由德国、法国、西班牙和英国共同出资创立，创建的初衷是使欧洲飞机制造商能够克服国家间的分歧，分担研发成本，开发更大的市场份额，为飞机制造带来真正的竞争效益。在20世纪七八十年代，民用客机的制造和销售发展得如火如荼，当时的市场基本上由波音、洛克希德、麦道以及空客四大公司来瓜分这块蛋糕。而后，麦道和洛克希德相继放弃了对商务客机的研发，到20世纪90年代中期，逐步形成了空客和波音的双寡头垄断市场的格局。

作为世界上两大商用客机制造商，空客和波音几乎在所有级别的机型上，都存在着竞争力相似和针锋相对的制造理念，在机型的设计研发上，一直采取紧盯对手的政策，机型都具有相应的对应竞争关系。例如2004年波音启动B787项目后，随着B787的订单数的不断上升，空客也在A330的基础上采用新发动机，研发针对B787的对应竞争机型A350。

波音与空客在国际市场对于市场份额的争夺难解难分，波音所在的美国和空客所在的欧盟关于对方对大飞机的补贴的争端也是此起彼伏，从空客成立的那天起，他们就开始了或明或暗的较量。

1970~1980 年，由于两个竞争者间的力量相差悬殊，市场为波音公司所主导。波音公司当时面临的经营难题不是市场营销，而是如何提高自身的生产能力，为早已下订单的客户提供飞机。也许，正是波音制造、供货能力的提升总跟不上订单增长速度才使欧洲空中客车拥有了成长所需的市场空间。在波音公司的主导下，有关国家政府之间第一次达成了大型民用飞机国际贸易的框架性协议，即 1979 年 GATT 的民用飞机贸易协定（GATT-ATCA）。但后来随着空中客车公司的迅速崛起，于 1992 年美国与欧盟又达成了著名的“空中客车协定”。

2000 年空客启动 A380 计划，欧盟政府向其项目提供高达 40 亿欧元左右的启动援助，欧美之间的大型民用飞机的摩擦迅速升温。2004 年，在谈判无效后美国单方面退出了 1992 年达成的协议，向 WTO 提出申诉，全面指责欧盟对民用飞机产业的扶持政策，尤其是对 A380 项目的启动援助。另外，欧盟也对波音 B787 项目所获得的非法补贴、税收减免以及优惠贷款等提出指控。

至此这场争端逐步演变为一场互相状告对方对其飞机制造业进行不正当补贴的贸易官司，也成为了 WTO 历史上涉案金额最大的一次贸易纠纷案。

六年后，专家组做出判决，但双方均对判决结果表示不满，在 2011 年 5 月，世贸组织表达了对美国诉求的支持，至此，以美国取得大部分胜利为句点的美欧飞机产业贸易冲突案告一段落。

第一，欧盟采取“项目启动援助”（Launch Aid）的目的在于帮助空客进行飞机产业的设计与发展，规定部分财政资助的还款义务与出口相挂钩，如果产品并未达到预期效果则无须偿还债务。第二，除项目启动援助外，欧洲投资银行也向空客提供大量资助以提高飞机产业的实力。第三，欧盟各国的银行（政府所有或由政府控制的）均向空客提供资助。第四，各成员国对空客公司的业务发展及其参与项目提供资金支持，与此同时免除因发展飞机产业而产生的债务。

美方认为，欧盟的这些行为属于对相关产业的出口补贴，违反了《补贴与反补贴措施协议》的规定，均会阻碍美国飞机产业的发展。结合本案来说，美国与欧盟的争执点是欧盟国家的措施是否属于对其飞机产业的出口补贴，本质是对是否形成“事实上以出口实绩为条件”的禁止性出口补贴的争执。要想判断是否构成出口补贴，则要着重分析是否满足两个条件：补贴的授予预期了出口或出口收益；补贴的授予与预期的出口或出口收益相挂钩。对于第一个条件——补贴的授予预期了出口或出口收益，美方的答案自然是肯定的，认为对空客的资助在于期望获得出口机会和收入，因此满足预期出口收益这一条件，但欧盟则表示在相关机构对空客进行资助前，各方就确定了还款的相关条件，而出口则非还款的唯一渠道，欧盟的做法并不满足条件。针对此问题，专家组认为欧盟的做法在一定程度上满足补贴的授予预期了出口或出口收益这一条件，原因在于“预期”表示的是一种期待，而并非要求其最终实现，“补贴动机”才是判断其是否满足的条件，因此，欧盟的做法满足禁止性补贴的第一个条件。对于第二个条件来说，专家组与上诉机构产生了不同的意见，专家组认为《补贴与反补贴措施协议》中的补贴的授予与预期的出口或出口收益相挂钩可以用因果关系来解释，而上诉机构则认为单纯地用因果关系来说明是否满足条件是不恰当的，更倾向于美国对“条件性”的解释，即只有出口才能完成补贴的给予，虽然专家组与上诉机构的最终认定结果一致，但上诉机构的解释显然更符合《补贴与反补贴措施协议》的规定也更具有说服性。

综上，欧盟对空客的资助满足禁止性补贴的两个条件，属于出口补贴的范畴，对美国的飞机产业造成了负面影响。但是，世贸组织的此次判罚仍然有难以服众之处，社会上最大的疑问来源于对出口导向型产业补贴的确定。众所周知，飞机产业作为出口导向型产业，其利润的获取大部分取决于出口量的多少，对于此类产业的援助必然会促进出口，那么其是否构成禁止性的出口补贴呢？另外，飞机产业作为高风险、高投入的产业，难免需要政府的支持，而政府怎样的支持属于禁止性出口补贴的范畴呢？世贸组织曾公开表示不干预一国的政策，怎样对飞机等相关产业实施援助才能避免世贸组织的惩罚呢？

结合上述两个案例来看，第一个案例在于美国的特殊税收制度使其出口商的竞争力被削弱，美国不得不加大对出口商的支持，对部分行为免税，这一做法引来了欧盟国家的不满，世贸组织支持了欧盟的观点并授予欧盟制裁美国的权利，第二个案例是欧盟国家对投资周期较长的飞机产业实施援助，导致了美国的不满，世贸组织此次支持了美国的观点。两个案例的相同点是被诉讼方国家为了增加其相关产业的竞争力而采取的“援助性”措施被判定为侵犯他国利益，贸易战发起的原因也都是出于对本国生产者的保护，就第二个案例来看，飞机产业的发展离不开政府方面的援助，但援助应有度，这就给欧盟甚至是其他有向高风险产业援助意愿的政府一个警示，要帮助本国产业的发展援助是不可少的，特别是对于高投入和投资周期较长的产业来说，但政府需要加强对援助力度的把控，相信欧盟此次的做法引来美国强烈不满的很大一部分原因在于欧盟各国及其银行对空客的资金援助力度过大，得到援助后的空客的实力增长不可预测。这就要求其他国家在实施援助时要注意对世界竞争市场的保护，保证保护力度不超出界限，维护世界市场的公平，自然不会引发各个国家的不满。各国可以利用经济组织或与其他国家形成利益共同体的方式来保护本国产业。在上述两个案例中，欧盟与美国的表现平分秋色，但双方的贸易依赖性极强且贸易领域涉及各个方面，因此，世贸组织的判决结果并不代表着最终的胜利，建立利益共同体就显得极其重要。就美国来说，与欧盟、中国等有密切往来的国家建立合作组织显得刻不容缓，但就当下的世界市场环境来看，以特朗普为首的美国政府非但没有积极加强与中国等国的合作，反而在上任后将矛头直指中国和欧盟，为了改善其贸易逆差的状况和维护其在世界市场的地位，更是向德国、中国等多个国家发出挑衅，贸易大战一触即发，但就历史的经验来看，陷入贸易战的双方都会遭受较大程度的经济冲击，而美国作为世界市场上的霸主，多次发动与其他国家的战争显然不符合其世界强国包容性的特征，也就是说，美国若执意发起贸易战，则其不仅会受到经济上的打击，更会遭受来自世界的质疑。就此看来，在退出跨太平洋伙伴关系协定（TPP）后积极发展与周边国家的关系，与中国、欧盟等经济大国共建利益共同体才是美国保护自己经济地位免受冲击的最佳方式。

第二节 服务贸易纠纷——日本与美国

1996 年 6 月 13 日，美国针对日本对进口胶卷和相纸的措施提出磋商要求，双方协商无果后美国申请 WTO 上诉机构成立专家组介入，专家组于 1998 年 3 月 31 日做出裁决，驳回美国的诉求，这是历史上少数的申诉方败诉的案例之一。

美国认为，日本对进口胶卷的措施违反了《关贸总协定》的第 3 条和第 10 条，并使美国的利益受到损害。美国将日本的措施分为三类，分别是经销反措施、大型商店法和奖购法，认为上述三项措施分别从不同的角度限制了进口胶卷在日本市场的销售，但日本均表示否认，双方分别向世贸组织争端解决机制提出意见。

上述案例区别于其他案例的一大原因是美国的诉求包括了违反申诉和非违反申诉，后者是指当一项措施导致互惠减让的情况受到损害时，无论其是否符合要求，都享有救济的权利。本案中，美国认为日本的三项措施导致其经济利益遭到损害，因此向世贸组织提出申诉，专家组在协商之后决定首先考虑美国的非违反之诉并要求美国举证。根据协议规定，非违反之诉具备三个要素：①WTO成员使用的措施；②据相关协议产生利益；③由于措施的适用该利益丧失或受损。美国应根据上述三个要素提出证据。对于第一个要素，日本认为措施是一种强制性的由政府发布的政策或措施，但美国认为日本的国情特殊，其公司实施的政策可能不由政府直接发布，而是通过激励制度诱导公司做出相应举动，针对双方的不同理解，专家组认为有必要将“措施”一词的范围扩大，即无论是政府要求的强制性措施还是与政府激励相关的措施都满足非违反之诉的首个要素。对于第二个要素，即根据《关贸总协定》产生的利益，这一要素主要涉及美国合法预期利益的问题。本案中，合法预期的难度在于美国与日本的胶卷争端冲突可以追溯到1967年的“肯尼迪回合”，由“肯尼迪回合”到“东京回合”再到“乌拉圭回合”，双方的贸易冲突不断，日本表示美国的合理预期只能以“乌拉圭回合”结束为时间节点，专家组表示美国的非违反之诉成立的关键在于美国需要证明其合理预期和近期的预期正在受损，如果不能证明，则美国只能要求日本对改善市场准入条件这一方面向美国做出补偿。非违反之诉的第三个要素是美国必须证明其胶卷在日本市场竞争状况恶化的原因是受到了不能合理预期的措施的影响，美国认为只要证明日本的措施是导致美国进口胶卷环境恶化的原因之一即可，日本则表示美国需证明双方间的因果关系，即因为日本措施的出台，所以美国的进口胶卷环境恶化，同时再次说明其措施是中性的，也就是说，日本对其国内生产的胶卷也有同样的要求，因此并不违反《关贸总协定》的要求。

在专家组的审查过程中，美国并未提供证据表明日本的措施破坏了美国胶卷的市场，也没有证明日本措施的出台使美国经济受损；在合理预期的界定方面，专家组认为美国应合理预期到日本大型商店法的影响，因为其签订的时间晚于日美双边谈判，也就是说，大型商店法对日本市场上美国胶卷的影响应当是美国能合理预期到的，因此美国的非违反之诉遭到驳回。

再来看美国的违反之诉。美国认为，日本的措施导致美国胶卷在日本市场受到了较差的待遇，违反了《关贸总协定》的第3条第4款，这一问题其实在上述非违反之诉的调查中已经进行了取证，但由于美国并未列举出起决定性的证据证明日本措施的出台导致其国内产品有更大的竞争优势，所以此项申诉也被专家组驳回。针对美国提出的最后一项诉求：日本措施违反了《关贸总协定》的第10条，美国仍然缺乏关键性证据，最终世贸组织争端解决机制认为美国未能提供证据证明其诉求合理，予以驳回。

此次贸易战产生的原因也显而易见，日本政府相关措施的颁布影响了美国胶卷在日本市场的销售，美国为保护本国企业的利益，向日本提出磋商，双方磋商无果后向世贸组织提出申诉。

从上述案例中我们可以得到以下三条启示：第一，提防非违反之诉。在上述案例中，日本认为非违反之诉的第一要素是措施必须是一种由政府做出的某项强制性的规定，而美国则认为以政府激励为机制的措施也是非违反之诉的第一个要素。对此，专家组根据过往的经验判断决定支持美国的看法，日本陷入被动局面。由于世贸组织处理的非违反之诉的案例少之又少，日本与美国的此次贸易战必将对今后世贸组织处理非违反之诉产生影响，也就是说，如果其他国家有利用非强制性措施保护国内产业的想法，就必须要提防他国的“非违反之诉”。第二，要注重关键性证据的收集与保留。在上述案例中，我们不得不承认日本的措施的确使美国经济利益受损，但美国没有掌握关键性证据而败诉，再次证明了证据的重要性，也提醒其他国家要注重证据的收集。证据是世贸组织争端解决机制做出最终裁决的根本，本国利益一旦受到侵害，就要着手收集由相关措施导致的本国经济受损的资料，以备在双方发生争端时使用。第三，要注意对证据的检查。在专家组介入后，日本随即表示美国提出的八项措施不属于专家组的权限范围，原因是这八项措施并未在美国的申诉书中提及，在比对八项措施后，专家组裁定八项措施中的三项在专家组权限之内，另外五项则不属于专家组的管理权限。美国的这一疏忽导致其诉讼理由和依据由八条减至三条，这在给美国敲响警钟的同时也突出了检查证据的重要性。美国此次未能达到保护国内胶卷供应商的目的，也降低了人民对政府的信任度，政府必将花费更多的精力来帮助美国人民重拾信心，同时对国内供应商资助的任务量也不容小觑。美国与日本关于胶卷的贸易战虽然已经结束，但美国此次败诉的原因仍然值得我们深思和反省。

美国与日本的贸易纠纷还涉及通信、保险、建筑和医疗设备等多个行业，早在 1993 年美国就因为日美间的贸易不平衡多次与日本磋商，时任美国总统的克林顿认为日本违反了其进入世贸组织后开放服务市场的承诺，磋商中美国表示希望日本政府同意对进口商品实施量化目标，即再次实现 1991 年日本准许外国公司进入其半导体市场的效果，但日本拒绝在此方面做出让步，双方间的谈判一时陷入僵化。1994 年 2 月 11 日，双方在市场准入方面的谈判宣告失败。

谈判失败后，美国迅速做出回应，表示将对日本实施贸易制裁，原因是美国认为日本对其国内的移动电话市场实施的保护不利于外国产品的进入，要求日本向世界开放其移动电话市场并警告日本，如果违反美国的要求，美国将在一个月内对日本实施贸易制裁。在向日本提出要求的同时，美国方面给出如下证据：日本曾在1989年同意向美国摩托罗拉公司开放其国内大部分移动电话市场，日本的移动电话公司IDO也同意将在使用日本电报电话公司技术的同时利用摩托罗拉公司的技术在日本再建立一套系统，但由于IDO公司的资金链不足以支撑两套系统的建设，1994年日本境内摩托罗拉系统的基站仅有110个，而日本电报电话公司的基站则高达400个。据统计，双方基站数量的巨大差异使仅有61%的地区可使用摩托罗拉公司的技术通信，而94%的地区可以使用日本电报电话公司技术，这就直接导致了日本境内使用日本电报电话公司技术和摩托罗拉技术的用户的占比达到31：1。美国政府得知这一情况后，随即对日本IDO公司表示强烈不满，在美国的重压下，日本政府积极促进IDO公司与摩托罗拉公司的合作。1994年3月13日，日本政府宣布IDO公司与摩托罗拉公司达成协议，在1995年时IDO公司将对摩托罗拉的159个基站完成投资并承诺将日本电报电话公司的部分无线电频率转移给摩托罗拉公司，日本政府表示将对此进行监督。这场美日间的移动电话市场的准入纠纷就此告一段落。

上述贸易纠纷的产生仍然是由于日本的措施导致美国的经济利益受损，美国提出抗议并发动贸易制裁，但与其他贸易纠纷不同的是，此次发起的贸易纠纷还由于日本在实施量化目标上的强硬态度，日本在谈判桌上的强硬态度让美国吃了闭门羹，美国发起贸易战表明了其对日本态度的不满。相关人士认为，美国此次贸易制裁的目的并不仅在于表面上的要求日本开放移动电话市场，还有更深一层的目的——将日本重新拉回谈判桌。观察者认为，美国实施的一系列举措是为了迷惑日本，使日元汇率上升从而降低其出口竞争力，改变其服务贸易顺差的局面，日本政府就不得不重新与美国回到谈判桌上进行量化目标的磋商。日本政府在面临制裁时想必也考虑过这一后果，与降低出口产品竞争力相比，开放移动电话市场就显得没那么重要了，因此，日本政府最终向美国妥协，承诺向摩托罗拉公司进一步开放其移动电话市场。

虽然美日此次的贸易纠纷并没有发展到双方针锋相对甚至向世贸组织提出申诉的境地，但仍然对双方的经济环境产生了较大影响，特别是对日本，美国对日本的重压使IDO公司不得不建设摩托罗拉基站，这将大大降低日本电报电话公司在日本移动电话行业的统治力，直接降低日本电报电话公司的收益。另外，通信业涉及人民生活的方方面面甚至是隐私，一旦摩托罗拉成为日本主要的移动电话供应商，日本国内的安全就将或多或少地受到影响。对于美国来说，虽然日本最终向摩托罗拉开放其移动电话市场，但美国仍没有实现其希望达成的与日本进行量化目标谈判的目标。

总体来说，这场贸易纠纷没有给双方国家带来更大的经济负担，显示了双方磋商的重要性。但从另一个角度来看，双方之所以没有发生贸易战的主要原因是因为日本的妥协，日本此次退让必然会使人民对政府失去信心，虽然日本已经将损失降到最低，但仍需要在安抚民众方面做出努力。那么，既能避免贸易战带来的经济冲击，又能维持人民对政府的信心的方法是什么呢？答案就是提升本国产品的竞争力。从上述案例中我们可以看出，日本之所以不与美国进行量化目标的谈判和不开放本国移动电话市场是为了避免国外产品对日本市场的冲击，但这一做法必然会引起世界各国的不满。加入世贸组织后，逐步开放市场是各个国家应尽的义务，同时在全球化的贸易背景下各国产品公平竞争也是一种必然，在这种环境之下，一国进行贸易保护即使情有可原，也并不能掩盖其违反协议规定的本质，也就必然会受到其他国家的反击。那么，提升本国产品竞争力就显得尤为重要。企业要通过外出交流学习、注重科技研发等方式有效提高本国企业的生产水平，政府要积极协助中小型企业和新兴产业的研发工作，通过政府和企业的共同努力提升本国出口商的生产力，进而提高本国出口产品的竞争力。

综上，无论是贸易磋商还是贸易战均会对参与国家带来负面影响，因此提高本国企业和产品的竞争力就成为避免贸易战和磋商的最佳途径。在开放本国市场已经成为全球化必然趋势的情况下，各国需要通过各种途径吸收先进经验，提高本国相关产业的竞争力，更好地适应贸易全球化。

第三节　服务贸易纠纷——美国与美洲国家

（一）美国与安提瓜、巴布达的贸易纠纷

世贸组织第一个有关互联网的争端解决案例发生在美国、安提瓜和巴布达

三国中，后两国联合将美国诉至法庭，认为其在网络赌博方面做出的措施违反《服务贸易总协定》的相关要求。

1995 年，第一家网上赌场——互联赌场公司的建立标志着网络赌博活动的兴起，由于其特有的虚拟性和便利性，网络赌博的发展速度极其惊人，截至 2003 年，网络赌博行业为世界贡献的税收高达 50 亿美元，其最大的受益国安提瓜和巴布达在此时拥有近 100 家网络赌博经营商，在安提瓜和巴布达网络赌博行业的鼎盛时期，网络赌博对国民生产总值的贡献高达 10%。由此可见，安提瓜和巴布达作为经济欠发达的国家，网络赌博行业的兴起着实为其经济发展奠定了基础。就在安提瓜和巴布达收获巨大利益的同时，作为网络赌博最大主顾的美国则乱了阵脚，网络赌博的兴起吸引了大部分赌民，其传统的赌博业业绩惨淡，同时网络赌博可以将不合法收入转为合法收入的特性也让美国对这项新兴产业产生了更大的敌意，于是倡导道德价值社会理念的美国总统乔治·沃克·布什便颁布了一系列措施以阻止网络赌博在美国的发展，主要包括以反洗钱为名加强对网络赌博的监管和通过《非法赌博交易法》等法律禁止美国网民进行赌博支付等，使安提瓜和巴布达网络赌博行业的收益迅速减少。与 1999 年相比，2003 年在安提瓜和巴布达注册的赌场由 119 家骤降至 28 家，对此，安提瓜和巴布达于 2003 年 3 月向美国提出协商。安提瓜和巴布达认为，美国上述行为违反了其在具体承诺表中关于赌博服务跨境提供"没有限制"的承诺，而美国则坚持表示其做法是出于对道德的保护。在双方磋商无果后，2003 年 6 月安提瓜和巴布达向世贸组织提出申诉，7 月专家组成立。

安提瓜和巴布达认为网络赌博服务属于"跨境提供"，美国在具体承诺减让表中明确说明其对除体育运动外所有娱乐服务没有限制，在日本与美国的谈判中，美国使用了由关贸总协定秘书处提供的服务业分类列表，同时《联合国核心产品分类》属于一种解释工具，美国对网络赌博行业的界定在具体承诺减让表、服务业分类列表和《联合国核心产品分类》中的项目趋于一致，因此美国就等同于开放了其国内网络赌博市场。美国对此表示反对，认为服务业分类列表不属于一项协议，因此安提瓜和巴布达的结论有根本性的错误。针对美国是否开放其市场这一争议，专家组认为美国以往的做法能明确表示其认可了服务业分类列表中的分类，因此可以确定美国在网络赌博行业"没有限制"。双方的第二个争论点在于美国出于道德维护的做法是否可以列入"一般例外"规定的范围。美方提出，美国认为赌博是犯罪的源头，因此其在赌博方面一直有着严格的限制，而网络赌博却可以利用其特性轻易地摆脱监管，这使美国不得不实施“为保护公共道德或维护公共秩序所必需的措施”。对此，安提瓜和巴布达反驳：美国关于网络赌博方面的限制仅针对国外供应商，同时美国并没有出台限制博彩业的政策，博彩业也已经成为美国政府收入的重要组成部分，因此美国的做法违反了国民待遇和市场准入两项原则。对于是否违反国民待遇原则，双方再次产生分歧，美方提出网络赌博与传统意义上的赌博是“不相似的”，也就是说，美国关于网络赌博的限制并不适用于其国内供应商，因此也就不违反国民待遇原则，对于这一关键性问题，专家组并未给出合理判定，而是表示美国的相关措施是出于对道德的维护，但其做法是“非必需”的行为，可替代的做法是美国与安提瓜和巴布达在网络赌博方面进行协商。后来，上诉机构又对专家组的结论进行了修改：美国的做法是一种对国外供应商的歧视行为，违反了其在《服务贸易总协定》下的义务。对于美国在“市场准入”层面的限制措施是否属于其市场准入限制相关措施，美方表示其行为不在相关措施的清单内，但专家组表示美国的做法在实质上已经达到了数量限制的效果。

对于美国的做法究竟是违反了其在《服务贸易总协定》具体承诺表中关于赌博服务跨境提供“没有限制”的承诺，还是出于道德保护的角度，专家组进行了长时间的裁定。

最终，专家组裁定美国的做法违反了其在《服务贸易总协定》下的义务和承诺并要求美国取消有关限制。但双方在执行时间上始终无法达成一致，于是 2006 年 6 月安提瓜和巴布达再次向世贸组织提出与美国进行磋商的申请。2007 年 12 月，仲裁小组认定安提瓜和巴布达可以中止其在《与贸易有关的知识产权协议》中的义务，但水平不得超过其受损额。至此，这场超过四年的贸易纠纷告一段落。

回顾上述案例，给我们的启发有以下三个方面。首先，美国此次的失利在一定程度上归结于美国的“疏忽”，当然我们也必须承认美国在承诺开放赌博市场时并未意料到网络赌博行业的出现和兴起，由此来看，专家组在报告中仅强调规则的做法显然无法使美国民众信服，但这也间接给美国和其他国家一个警示，即在做出承诺时必须抱以谨慎的态度，尽可能少地甚至是不做出“没有限制”的承诺，从而避免出现美国面对的局面。其次，从这场贸易纠纷中我们可以看出，世贸组织解决争端的着力点仍然是维护贸易自由化。本案中，专家组虽然也认可了美国的做法是出于对道德的维护，但最终还是判定美国做法不符合规定，因此，各国在制定措施方面仍然要注意措施是否会被认为是违反世贸组织相关规定的。另外，本案中的美国因为没有意识到变化的国际贸易环境从而出现被自己制定的游戏规则缠住手脚的局面，那么，如何协调变化的国际贸易环境和公共道德维护两者间的关系就值得世贸组织相关负责机构反思。最后，从多个案例中我们可以总结出，世贸组织关于“一般例外”的使用条件是十分苛刻的，即不仅要证明其他国家行为已经对本国经济造成了不可扭转的影响，还要证明本国的做法是“必需”的，这一点在上述案例中也可以看到。专家组之所以否决了美国关于“一般例外”条款的应用，主要原因在于其认为美国可以采取有同样效果的替代措施，因此，美国不能引用“一般例外”条款来为本国辩护。对于其他国家来说，即使是在本国经济受到损害的情况下，也不能轻易抱有利用“一般例外”原则进行自我保护的侥幸心理。

（二）美国与加拿大的贸易纠纷

同样想利用“一般例外”条款进行自我保护的国家还有加拿大。1996 年 3 月，美国与加拿大就期刊进口方面的措施展开磋商；同年 4 月，双方磋商未能达成一致意见；1996 年 5 月，美国上诉至世贸组织；1997 年 3 月，专家组裁决加拿大部分措施违反了《关贸总协定》的相关内容。在发布判决的两个月内，加拿大和美国分别提出上诉，上诉机构判决后，这一起纠纷才告一段落。与上述美国的做法相同的是，加拿大同样希望利用“例外”条款保护本国利益，但以失败告终。

美国诉加拿大主要是由于加拿大颁布了以下政策：加拿大第 9958 号关税令禁止了含 5%以上的针对加拿大市场的广告的期刊进口、1995 年针对不同版本的期刊征收货物税和对不同的期刊实行不同邮寄费率。双方就以上三点展开了激烈的讨论。对于第一点，由于广告收入是期刊获利的主要渠道，因此各类期刊都设立了广告板块，美国认为加拿大在广告方面的限制间接为进口期刊设置了障碍，违反了其在《关贸总协定》中承诺的“任何缔约国除征收税捐或其他费用以外，不得设立或维持配额、进出口许可证或其他措施以限制或禁止其他缔约国领土的产品的输入，或向其他缔约国领土输出或销售出口产品”的内容。加拿大期望用“例外”条款进行辩解，但最终专家组判定加拿大的行为禁止了其他国家的期刊进入其市场，违反了《关贸总协定》中的规定。在货物税方面，加拿大政府对 1993 年 3 月 26 日后在加拿大市场发行的不同版本的期刊收取广告总价 80%的税费，但对上述日期前发行的期刊且发行期数不多于之前的期刊免税，如果超出以前的发行期数，则仅对超出部分征税。美方表示加拿大的做法违反了《关贸总协定》第3条第2款的规定，即任何缔约方领土的产品进口至其他任何缔约方领土时，不得对其有直接或间接征收超过对同类产品直接或间接征收的任何种类的国内税或其他国内费用。加拿大方面则认为，广告行为属于《服务贸易总协定》而非《关贸总协定》的管理范畴，在服务贸易中加拿大并未开放广告市场，因此此项申诉不符合要求。专家组反对了加拿大的主张并认为即使加拿大的“广告说”成立，《关贸总协定》的相关规则也仍然适用。之后，双方又对“同类产品”的定义进行了争论。如果有着不同税率的期刊属于同类产品，那么又如何证明对进口不同版本期刊的国内税超过对本国非不同版本期刊征收的国内税？对于“同类产品”的定义，专家组借助日本酒税案的定义，即根据产品的最终用途，消费者的口味、习惯，产品特征、性质和质量等方面最终判定不同版本的进口期刊与非不同版本的国内期刊属于同类产品，在判定两者为相同产品后，货物税仅适用于进口不同版本期刊的事实也直接证明了其税率高于国内非不同版本期刊。得到上述结果后，专家组判定货物税法违反了《关贸总协定》第3条第2款的规定。对于最后一个问题，美国表示加拿大邮政公司自1996年3月起对不同类别的期刊实施了不同的邮寄费率，且从1990年开始加拿大政府便直接向出版商提供援助，1996年5月1日至1997年3月31日政府对出版商的援助更是达到了5800万加元，成为援助的受益者的条件是公司由加拿大人或在加拿大建立的、在加拿大进行编辑、出版、印刷和邮寄，同时还要在订单数量、广告比例等方面满足加拿大政府的要求。美国认为这一规定也影响了外国期刊的进口，但加拿大却辩解称加拿大邮政公司是私人机构，因此不受《关贸总协定》的约束，但这一观点同样受到了专家组的反驳。专家组认为，加拿大邮政公司虽然属于一个私人企业，但其实质上是在政府的指导下运作的且加拿大政府也有义务对加拿大邮政公司的行为进行监管，因此邮政公司的行为应当适用于《关贸总协定》。美国在之后又提出政府资助邮政公司而非期刊生产者的行为也不符合“特殊补贴例外”——国民待遇义务并不禁止单独支付给某种国内生产者的补贴，国民待遇义务不适用于政府采购。专家组对此表示否定，认为对加拿大邮政公司的补助实际上并未使其本身得到经济利益，政府补贴实际上是针对加拿大出版商的，因此加拿大的做法符合规定。

在专家组发布最终意见后，美加双方分别进行上诉，上诉机构在调查后表示专家组对“同类产品”的界定是正确的，但根据期刊发行量确定同类产品的做法不足以服众，同时在货物税法问题上不同税率足以影响进口期刊的进入，因此加拿大政府的行为完全是出于保护本国市场的心理。此外，上诉机构推翻了专家组对于加拿大政府对其邮政公司进行资助满足“特殊补贴例外”的结论，认为加拿大政府资金的转移是政府间的资金转移。

从上述案例中，我们或多或少地可以发现《关贸总协定》关于国民待遇的“缺陷”。首先，货物贸易中的国民待遇似乎有更严苛的标准和适用范围，而服务贸易中的国民待遇原则仅适用于对外开放的市场，这就大大缩小了国民待遇的适用范围，上例中加拿大关于其未开放广告市场的说辞也直接印证了这一点；其次，《关贸总协定》并没有对“同类产品”进行界定，专家组和上诉组织的界定也仅仅是依据过往的经验，可能导致各国对同一问题产生不同看法的情况出现；最后，在认定进口不同版本期刊的国内税是否超过国内非不同版本期刊的过程中，专家组和上诉机构均采取同一标准：只要有一个事实证明同一商品的税率不同，就说明对某一商品的税收超过了另一商品，也就是说，在认定的过程中专家组和上诉机构并未采取全面标准，这一点也值得其他国家注意。

除首起互联网争端发生在美国、安提瓜和巴布达之间外，第一起由世贸组织专家组处理的有关电信服务贸易的纠纷也发生在美国和拉美国家之间。2000 年 8 月 17 日，美国就基础电信规则和增值电信规则与墨西哥磋商，双方在谈判期间各执一词，最终也未能达成共识。2002 年 4 月 17 日，美国向世贸组织提出申诉，专家组就此介入。

这场贸易争端的起源是 1997 年墨西哥政府颁布的“在国际电信市场上对外呼叫业务最多的运营商有权力与境外运营商谈判线路对接条件”的法令。在墨西哥的电信市场行业中，一家名为 Telmex 的公司一直占据着主导地位，墨西哥颁布的上述法令意味着 Telmex 公司在事实上拥有了“排他”的权利，这一点对于其他想要进入墨西哥电信市场的运营商来说是十分不利的，因此，美国正式向世贸组织诉讼，澳大利亚、加拿大、危地马拉等国家也提交了书面意见。对于墨西哥在电信行业的措施，美方认为其违反了《参考文件》关于提供服务条件和费率是“基于成本”且“合理”的规定，提出以下四条证据：第一，对于同样的网络设备，对国外收取的费用明显高于国内；第二，墨西哥境内灰色市场的费率远低于 Telmex 公司提供的费率；第三，Telmex 公司的费率高于成本；第四，其他国家或有相同业务的运营商的费率报价低于 Telmex 公司，加之美国提出了墨西哥 Telmex 公司在实际上拥有“排他”特权的说明，墨西哥政府就此陷入被动。对此，墨西哥政府提出美国运营商只提供初始端服务因此不构成“跨境支付”的观点，但最终被专家组否决，专家组认定墨西哥 Telmex 公司已经具备了干预市场的能力并支持了美国的前三项证据。另外，美国提出墨西哥政府的做法同样违反了《参考文件》有关“反竞争行为”的规定，认为将 Telmex 公司提出的费率作为“统一结算费率”和 Telmex 公司可以商定补偿协议的“成比例回报”规定导致了不公平竞争，专家组表示，“统一结算费率”和“成比例回报”规定的确在一定程度上具有垄断效果且影响了市场分配。在前两项申诉得到专家组的认可后，美国继而提出墨西哥政府没有达到《电信承诺》中“合理和非歧视”的标准，也没有保证私人在电信行业租用线路供应的权利，专家组表示，墨西哥政府的承诺中包括了对基础电信服务的承诺，因此其政府违反了在《电信承诺》中的承诺。2004 年 4 月 2 日，专家组提交最终报告，墨西哥表示同意废除引起争议的条款并在 2005 年引进转售的电信服务。

美国在此次贸易争端中的胜利不仅意味着其在墨西哥电信行业市场中贸易条件的改善，更是其进入其他国家电信市场的重要环节，对于美国来说，贸易条件的改善并不是其贸易战的最终目标，得到进入其他国家关键行业的许可才是最重要的，这也是贸易战发生的另一大原因。这场贸易战最终使美国企业如愿进入墨西哥电信市场，也必然会对墨西哥本土市场造成较大的威胁。

从这场贸易战中我们可以得到如下启示：首先，就墨西哥来说，其对跨境支付的开放承诺无疑是其败诉的主要原因，这也就警示其他国家在做出具体承诺之时要增加警惕，特别是对于电信、金融等涉及国家安全和机密的市场，要采用谨慎的政策逐步开放本国市场。其次，对于某一行业来说，在各企业未受到政策影响或保护的情况下，政府应当鼓励产业内竞争环境的形成。上述案例中，墨西哥 Telmex 公司一家独大，其在得到政府授予的相关权力后变得“肆无忌惮”，为减少竞争对手故意抬高费率，也让美国有了可乘之机。另外，在墨西哥与美国发生纠纷后，墨西哥 Telmex 公司就成为美国的首要攻击目标，其做法的不足之处也迅速被美国发现。如果政府能鼓励竞争降低 Telmex 公司的统治地位，就能有效地避免垄断者排挤其他竞争者的现象的出现，也能有效地减少其在贸易纠纷中成为攻击目标的可能性。在这一方面，笔者认为，墨西哥可以借鉴中国电信服务行业的运作模式。在中国电信领域内，中国移动、中国联通和中国电信三家供应商形成了相互制约的局面，大幅度降低了话费水平、保护了消费者权益，充分体现了产业内竞争的重要性。最后，政府在立法或制定政策后要对执行政策的主体加强监管，在美墨电信服务行业的此次纠纷中，正是由于墨西哥政府给予 Telmex 公司的“特权”才引发了美国、澳大利亚等国家的不满，最终使自己陷入两难的局面，这就要求各国政府在制定规则时要注意其对本国和其他国家相关产业的影响，特别是涉及开放市场的产业政策，在各国都以本国利益为出发点的大背景下，一旦政策稍有偏颇，就会引发其他国家的不满，甚至会导致贸易战的爆发。在本案中，墨西哥 Telmex 公司的不当行为就是政府监管不利的结果，试想如果墨西哥政府能够在一定程度上监管 Telmex 公司的行为，美国、澳大利亚等国家也可能选择谈判而非上诉的方式解决纠纷。

从上述美国与拉美国家关于服务贸易的纠纷来看，发起贸易战的根本原因均是经济利益被侵犯，被诉方也都在“市场准入”承诺方面存在问题。拉美国家是美国密切的贸易伙伴，因此双方要尽可能地避免不必要的贸易纠纷，利用磋商和谈判等方式改善双方的贸易条件。

通过以上案例我们可以发现，服务贸易纠纷与货物贸易纠纷的相同点是各国发起贸易战都是因为本国的经济利益受到威胁；不同点则是货物贸易纠纷的范围较容易界定，而服务贸易纠纷的范围难以界定。由于服务贸易的范围难以界定，而世贸组织也无法给出详细的服务贸易清单，各国间对于同一市场是否开放也有着不同的理解，这也就导致了大部分的服务贸易纠纷。另外，由于服务贸易所处的市场环境不断变化，网络的高速发展也极有可能影响一国国内的服务贸易进程，因此，各国可能会出现始料未及的情况，例如“安提瓜和巴布达诉美国影响跨国提供赌博服务”一案中美国面临的情况，与美国相一致的是，中国也在承诺开放市场的范围问题上出现了较大的问题。这也告诉我们，即便是处于世界发展前列的国家也不能完全意识到服务市场环境的变化，在服务贸易逐渐成为全球贸易发展的主要推动力时，各国相关负责人在制定政策时应采取更谨慎的态度，充分考虑市场环境的可变性，尽可能减少完全开放的市场数量以避免陷入不必要的贸易纠纷中。

第四节　服务贸易纠纷——美国与中国

金融业是国家经济的核心，具有不确定性和高风险性，可以直接对某一国经济产生影响，国家一旦失去了对金融服务业的主导，将会严重危害投资者和国家的金融利益，甚至会加重金融危机带来的影响。因此，大多数国家均会对此行业加以保护，中国也不例外。入世后，中国颁布了《外国通讯社在中国境内发布新闻信息管理办法》和《外商投资产业指导目录》，力求全方位保护本国金融服务业的发展。但上述规定被美国和欧盟等国家认为是一种限制性的、歧视性的行为，2008 年 3 月 3 日美国、欧盟、加拿大向世贸组织提出申诉，要求对中国金融业管理制度进行磋商。

起诉方认为，《外国通讯社在中国境内发布新闻信息管理办法》的规定使中国审查更加严格且限定了服务范围，不符合中国加入世贸组织后“对于各合同协议或股权协议，或设立或批准现有外国服务提供者从事经营或提供服务的许可中所列所有权、经营和活动范围的条件，将不会使之比中国加入 WTO 之日更具限制性”的规定；《外商投资产业指导目录》禁止外商企业为中国提供金融新闻服务，这与中国的承诺不符；新华社既是金融服务监管者又是服务提供者不公正。

上述起诉理由也并非不无道理，《服务贸易总协定》第 16 条第 1 款规定：“市场准入方面，每个成员给予其他任何成员的服务和服务提供者的待遇，不得低于其承诺表中所同意和明确的规定、限制和条件。”也就是说，中国承诺入世后不对外国服务者进行资质审查，而《外国通讯社在中国境内发布新闻信息管理办法》却明确要求外国服务者进入市场前由中国市场对其进行调查，这显然不符合规定。除此之外，中国入世时对金融服务的交付和消费并未做任何限制，但从《外国通讯社在中国境内发布新闻信息管理办法》来看，外国服务者必须通过代理商向中国提供服务，这也是一种歧视性的行为。同时，新华社作为金融服务的监管者和经营者也是不符合要求的，因为中国在入世议定书第 309 段做出了“相关监管机构应独立于其所管理的任何服务提供者，且不对其负责”的承诺，新华社作为监督者，极有可能利用自己的权利来限制外国服务者的进入，从而保证中国企业对金融服务业的垄断，因此，外国服务商对此项规定提出异议也无可厚非。但外方的陈述也并非无懈可击，例如金融服务市场的开放并不意味着通讯社服务的开放，也不是新闻代理市场的开放，因此，中国在此方面并未违反入世时的承诺，起诉方第二条的诉求不符合要求。

可见，中国在此次服务贸易战中仍处于不利局面，对此，中国相关部门想利用《服务贸易总协定》中的“例外条款”来保护本国政策。《服务贸易总协定》第 14 条第 1 款 a 项规定，一国的措施必须以保护公共道德和维持公共秩序为目的且措施必须是必要的。中国加强对国外服务者资质审查的目的自然是为了保护公共道德、维护本国利益，于是主要矛盾便集中于中国措施是否属于“必要”。对于这一点，专家组主要分为三点来看：措施保护利益的重要程度、措施能否有助于达到最终目的和是否存在符合要求的替代措施。对于第一条标准来说，中国措施的保护标的是金融市场的平稳运行，这是国家经济稳定发展的关键，其重要程度不言而喻，且该项措施也完全符合第二项有助于实现最终目的的要求：加强审查有利于从根本上提高进入金融市场的外商质量，通过审查也有利于国家尽早发现市场缺陷，从而避免更大的经济损失。第三点新华社作为金融行业监管者显然有不妥之处，中国完全可以选择其他机构对金融市场准入进行监管，也就是说，中国有其他的符合世贸组织要求的办法进行替代，因此该项措施并非无可替代也自然不属于“必要”措施。措施的非必要性和对国内外审查的不同标准使中国丧失了利用《服务贸易总协定》第 14 条前言和第 1 款 c 项为本国抗辩的权利。审慎例外条款规定：“不管本协定任何其他条款作何规定，不应阻止某一成员为谨慎原因而采取相应措施，包括为保护投资者、存款人、投保人或金融服务提供者对其负有托管责任的人而采取的措施，或为确保金融体系的统一和稳定而采取的措施。如果这些措施不符合本协定条款，则它们不应用来逃避该成员在本协定下的承诺或义务”，中国若想利用该项条款进行辩护，需要达到以下要求：目的正当标准、透明度标准和事后审查标准，在这三条要求中，中国完全符合的只有透明度标准。就目的正当标准来说，中国的目的在于保护本国金融市场进而维护投资者利益，但从另一个角度来看，《外国通讯社在中国境内发布新闻信息管理办法》明文指出其目的是促进新闻信息健康有序传播，这说明中国此项措施仅仅是为了控制新闻的传播而未涉及金融市场，是否达到了目的正当标准也就有待商议。就事后审查标准来说，中国对国内外服务商设定的不同的审查标准显然不能有效阻止金融问题的发生，反而有逃避世贸组织义务之嫌。综上，中国想利用其他条款进行抗辩的难度较大，起诉方的理由也有合理之处。

2008 年 11 月 13 日，中国与美国、欧盟和加拿大签署了《关于影响外国金融信息服务提供者措施的谅解备忘录》，中国承诺新华社将不再具有监管权力，并重申了中国未承诺开放新闻领域服务市场这一观点，金融市场贸易战告一段落。

中国由于服务贸易发展较晚，不得不采取保护性措施来维护本国利益，而在此过程中又会不可避免地出现纰漏，从而陷入与美国等国家的服务贸易战中。这就要求以中国为代表的发展中国家要加快服务贸易的发展速度，减轻国家对其的保护压力。就目前来看，金融业关系着国家的经济安全，新兴的高科技服务产业则是未来服务贸易的主导，国家要着重提升这两大产业的服务贸易水平。

一波未平，一波又起，长达 28 个月的中美服务贸易战的序幕又徐徐拉开。2010 年正是中国电子支付兴起的年代，消费者的主要电子支付工具包括借记卡、信用卡和人民币预付费卡等，当时中国银联作为唯一的银行卡组织，在业内没有竞争对手，是多家垄断性银行投资建立的，且由于电子支付的特殊性，使网络成为其发展中不可或缺的一部分，而中国的网络同样是垄断性的，这也就为美国的诉讼提供了直接依据；另外，由于中国强制要求进入电子支付商场的支付卡必须加入银联网络并使用其终端，这一做法也成为最终专家组判定中国违反相关条例的直接原因。美国认为中国在电子支付方面有垄断行为，双方协商无果后美国向世贸组织提出申诉。由于这是第一起关于电子支付服务的争端，专家组在毫无过往经验的境况下进行了长达 28 个月的调查和调解，最终于 2012 年 7 月 16 日专家组正式宣判：驳回美方对中国银联垄断行为的指控，不支持美方希望通过“跨境支付”方式向中国提供电子支付服务的要求，但也认定中国的相关做法违反了《服务贸易总协定》中的国民待遇原则，认为中国银联在一定程度上已经获得了垄断地位，要求中方按美方的部分要求开放中国电子支付市场。判决宣布后，双方都未提出申诉，中国通过与美方协商最终确定在 2013 年 7 月底完成中国电子支付服务市场的开放。

美方发动此次服务贸易战主要有以下两个原因：第一，美国对中国电子支付服务利润的渴望。据统计，2012 年 1~6 月中国银行卡消费占社会消费品零售总额的比例超过 42%，截止到 2012 年 9 月，中国的借记卡发行数量已经超过 30 亿张，信用卡发行数量超过 3 亿张，张联网 POS 机超过 668 万台，ATM 机超过 39 万台，每张银行卡平均消费 1804. 84 元，电子支付正逐渐成为中国消费者的首选，在如此庞大的利益诱惑下，各国都希望进军中国电子支付行业以获得较大的利润，因此美国对中国银联的“垄断性要求”格外敏感，这也是本次贸易战的主要原因。第二，电子支付服务在中国兴起之时人民币国际化的进程还未结束，但人民币国际化的结果却已成定局，美国相关企业想借此机会占据中国市场。反观中国，之所以对电子支付行业实施保护是因为中国电子支付行业的兴起较晚。2010 年，在美国 VISA、万事达等相关公司的电子支付服务行业处于成熟期时，中国的相关行业却仍处于成长期，因此，政府的帮助必不可少；同时电子支付涉及结算等业务，使用银行和网络系统，而这两个系统的运营则直接影响国家经济安全，所以中国政府必须对电子支付服务行业予以保护。

双方的主要争执点是中国的做法是否构成垄断，即是否违反其开放金融市场的承诺和是否违反了《服务贸易总协定》的市场准入和国民待遇两项原则。首先，关于中国是否构成垄断。就发卡阶段来看，中国银联并不能对主要的发卡机构——商业银行进行干涉，且在争端处理过程中，汇丰、花旗、渣打等超过 10 家的外资银行也在中国发行了银行卡，因此从发卡阶段来看中国银联的行为不属于垄断，也就不违反其先前的承诺。就清算市场来看，由于中国银联是清算交易环节的唯一提供者，专家组认定中国在清算过程中的行为属于垄断，在判定其是否违反中国承诺时，中方认为入世签订的《服务贸易具体承诺减让表》并不包括清算和结算服务，但专家组则认为电子支付服务属于“所有支付和汇划服务”，而这一领域是中国入世后开放的，因此中国的行为违反了其入世后的承诺。其次，关于中国是否违反了《服务贸易总协定》的市场准入和国民待遇两项原则。美国提出中国要求发卡机构在银行卡上设置“银联”标志的行为违反了上述两条原则，专家组分析后认为中国并没有对外资发卡设置障碍，因此没有违反市场准入原则，但要求设有“银联”标识的做法间接提高了中国银联的知名度，是违反国民待遇原则的行为。美国还认为，中国银联要求外资银行与银联互联互通的行为同样违反了相关原则，专家组在了解事实后认为，中国银联的银行卡不需与其他网络互联互通而外资银行卡必须与银联互联互通的行为却增加了外资银行卡使用的难度，违反国民待遇原则。除此之外，美方认为中国所有的终端可以默认带有“银联”标识的银行卡，在处理带“银联”标识的银行卡业务后才处理其他银行卡的行为也有失公平，专家组支持了美方的观点，认为中国银联的上述行为违反了国民待遇原则。结合以上观点，专家组认为中国的部分做法违反了世贸组织规定的国民待遇原则。

1990 年，美国上诉法院认为：一家企业只要没有在市场准入方面设置障碍，无论其在市场上的份额多大，都不属于垄断，也就不必要背负相应的法律负担。从上述规定中我们可以看出，美国也通过各种方式间接地保护国内的垄断者，也就是说，在行业发展过程中一些行业由于具有特殊性，产生垄断者是一种必然，中国方面并不需要为此而产生过大的担忧，真正该做的则是尽快在世贸组织要求的时间内构建出一套符合中国国情的电子支付系统，从而更好地为消费者服务。当下，支付宝和微信已经成为消费者支付的首选，这显然得益于我国电子交易的飞速发展。我们从该案例中可以得到世贸组织对市场准入原则和国民待遇原则的界定。案例中，美国认为中国的一系列行为违反市场准入和国民待遇原则，但专家组确认后只宣判中国违反国民待遇原则，体现了世贸组织处理问题的角度与国家有所不同，这就要求世界上的各个国家加强对相关条例的分析，从而更好地应用相应原则保护本国利益。一场长达 28 个月的服务贸易纠纷虽然已经结束，但值得中美双方甚至是世界各国总结的还有很多，相信各国都能结合当下的经济形势，通过改善本国产业环境找到最适合国家电子支付服务产业发展的渠道。

除了金融业和电子支付服务行业等涉及国家安全的领域外，集成电路行业也成为各国竞争的对象。中国政府于 2000 年颁布了《鼓励软件产业和集成电路产业发展的若干政策》，然而这一政策的出台立刻引起了美国、欧盟甚至中国台湾的不满，美国多次向中国施压，并在中美协商的过程中向世贸组织提起诉讼，这是世贸组织成员起诉中国的首个案例。2004 年 7 月 14 日，在美国提起诉讼的 3 个月后，中美双方在日内瓦签署了《中美关于中国集成电路增值税问题的谅解备忘录》，中方于 2004 年 11 月前修改相关规定并在 2015 年 3 月底彻底废除《鼓励软件产业和集成电路产业发展的若干政策》的相关措施，至此，中国的第一起诉讼告一段落。

美国起诉中国主要有以下几方面的原因：首先，美方认为《鼓励软件产业和集成电路产业发展的若干政策》中规定的在 2010 年前对集成电路行业实际税负超过 6%的部分予以返还的措施违反了国民待遇原则，因为这项政策明显减少了中国企业的税负，最终使其产品价格降低近 10%，在一定程度上增加了中国产品的竞争力，无论是在国内市场还是在国外市场。其次，美方认为中国对自主设计、国外生产的产品进行增值税退税违反了最惠国待遇原则，即这项规定明显有利于与中国厂商进行合作的国外企业，若中国厂商与俄罗斯厂商合作，那么在进口方面俄罗斯厂商就享受到了更优惠的待遇，相比于其他国家的厂商来说，也就占有了一定的市场优势。最后，美国认为中国违反了世贸组织《补贴与反补贴措施协议》。

在美国提出诉讼后，中国立刻对美国的行为表示不解，并对美国的诉讼进行了辩驳。中方认为，美方错误地理解了“税率”与“税负”的概念，同时中国的增值税退税措施只针对那些价值有大幅度增值的企业，而当时的中国却基本上没有符合要求的企业，即基本上没有中国企业可以享受到该项优惠。

在了解了双方关于同一问题的不同看法后，我们来分析美国指控中国是否合理。首先，美方认为，国民待遇原则规定一国给予国内厂商的优惠政策同样适用于其他国家的厂商，中国给予国内厂商优惠的政策能直接影响其产品成本，进而降低其产品价格，这对于没有享受到中国政府优惠的国外企业来说显然是有失公平的，因此，中国对其国内企业的退税政策违反了国民待遇原则。其次，最惠国待遇原则要求一国给予其他国的优惠政策同样适用于第三国，也就是说，国外厂商必须享有同样的政策标准，而中国的政策则明显给予了与中国企业合作的外国厂商更多的优惠政策，这是违反最惠国待遇原则的表现。最后，世贸组织将补贴分为禁止性补贴和可诉性补贴，区分两者的关键在于该项补贴是否具备公平原则，中国返还税收的做法相当于一种对国内集成电路行业企业的支持，这不管是对其他行业的国内厂商还是对同一行业的外国厂商来说都是不公平的，因此，中国的做法违背了世贸组织的公平原则。

美国之所以发起这场贸易战，最根本的原因在于中国政府的做法使其国内厂商的经济利益受到了损害，除此之外，笔者认为美国发起这场贸易战还有另一大原因，即美国希望借此占领中国集成电路行业的主要市场。中国的集成电路行业在2000年前后属于幼稚产业，是美国进入中国该市场的有利时机，美国一旦通过贸易战逼迫中国开放其相关行业市场，那么就相当于掌握了中国科技发展的主要渠道，这对于美国来说益处良多，所以其迫不及待地向世贸组织申诉。然而美国并没有完全达到其目的，中国签署《中美关于中国集成电路增值税问题的谅解备忘录》后明显加强了对集成电路行业的投入，现在中国产品正逐渐成为市场的引领。

美国和中国作为世界上最重要的两大经济体，双方之间的贸易摩擦随着经济的发展不断增多。2009 年 8 月，世贸组织争端解决机制就美国诉中国音像制品进口与分销一事做出裁决，认为中国在进口和销售美国电影、图书和音像制品方面要求必须经过中国国有分销公司的做法违反了其入世承诺和相关规定。中方在得知判决后随即表示将针对判决做出上诉，理由是中国是为了保护本国公民不受不良信息的侵害，在中国提出上诉的 3 个月后，世贸组织上诉机构做出裁决，驳回中国请求并认定中国做法在“市场准入”和“产品分销”两方面违反了世贸组织的规定。

中美双方此次的主要争论点是利用网络形式分销音像制品是否属于中国承诺的开放市场。美方认为，有形的分销方式与通过网络进行分销仅在形式上有所不同，并引用“技术中立原则”进一步表示形式与承诺范围不属于同一类问题，因此中国的做法对美国音像制品的进口和销售形成阻碍，违反了世贸组织的规定；中方表示，“技术中立原则”并不为世贸组织成员所接受，退一步讲，即使其成为世贸组织认可的原则，也只适用于相同服务中的不同技术而非方式，同时有形分销和通过网络进行的无形分销在服务的主要运作特征、终端使用者的感觉、国际分类和国际上认可的法律框架四部分上都存在较大的差异，因此有形分销和无形分销不是同一种服务且中国并未开放无形分销市场，中国的做法并无不妥之处。“技术中立原则”最早应用于“安提瓜和巴布达诉美国影响跨国提供赌博服务”一案，指不限制各种电子商务技术手段的使用，电子技术手段与一般的媒介手段具有同样的效力。结合本案来说，双方的争执点在于美方认为中国对无形网络传播的方式带有“歧视性”；中方则认为网络等无形手段的传播与传统意义上的传播不属于同一种服务。针对上述问题，专家组表示中国在入世承诺表中承诺开放“视听制品分销服务”且并未对具体介质或开放范围做出规定，认为承诺开放一项服务就代表着承诺开放由此派生的服务市场，因此中国在入世时的承诺实际上已经代表了其对无形介质分销市场的开放。在此我们注意到，专家组最终判定时并未引用中美双方提出的“技术中立原则”，在这一问题上，专家组的解释是：“如果他们认为中国的承诺仅限于通过有形载体分销视听制品，而对于通过无形载体分销视听制品是否包括在中国的承诺中有疑问时，技术中立原则或许会被援引，但是本案的情形不需要他们这样做。”也就是说，由于中国方面并未在入世承诺书中对无形分销市场进行单独说明，世贸组织不借助技术中立原则便可对双方争论点做出裁决。

世贸组织维持原判的做法意味着中国必须要在判决发布的两年内做出改变，否则美国将会申请对中国的制裁。我们不得不承认，这是中国入世和开放文化产业市场的必然结果，那么对于中国来说，做到以下三点就显得尤为重要：首先，要细化承诺开放市场的范围。上述案例中，中国由于没有对通过网络等媒介进行销售的无形分销方式做出特殊的规定，因此被默认为开放了相关市场，这显然与中国的意愿相悖，这警示中国和其他国家在做出具体承诺时应结合国家环境，充分考虑开放产业及其派生产业可能会对本国产生的影响，针对会对本国产生影响的产业做特殊规定。从上述案例中我们发现，世贸组织对技术中立原则是认可的，但这是在对相关产业做出明确特殊规定的基础之上的。其次，要加强本国法律的制定和实施。制定法律是规范产业运作最有效的方法之一，在全球化的经济背景下各国逐渐开放本国市场已经成为一种趋势，各国产业也必然会面临国外同类产业的冲击，那么，大力发展本国相关产业就成为一种必然，各国需要通过法律等手段促进和规范产业内竞争。最后，要加强对外合作。为尽可能避免国外厂商对本国市场的冲击，在判决发布后的两年内，中国政府和相关产业厂商除了需要大力促进产业内竞争和改革外，还要加强与周边国家的合作和发展，通过借鉴其发展经验，找到最适合中国文化产业的发展路径。

第六章　知识产权贸易纠纷案例与分析

第一节　知识产权贸易纠纷——欧盟与美国

2003 年 8 月 18 日，美国、澳大利亚两国分别向世贸组织提出申请，要求就欧盟 2081/92 号指令及其修改文件和实施措施进行审查，同年 10 月专家组成立。

美国和澳大利亚方面认为欧盟的措施违反了《与贸易有关的知识产权协议》的义务性质与范围、国民待遇、最惠国待遇、注册商标权、地理标志保护、知识产权执法的一般义务、公平和公正的程序、禁令和过渡安排共 9 项条款。首先，在国民待遇方面，2081/92 号指令及其修改文件和实施措施要求申请者政府干预地理标志的申诉，对于非成员国的申请者和政府来说，要求政府介入这一规定明显从程序上对非成员国的申请形成阻碍，属于为非成员国国民设定额外条件，违反国民待遇原则；其次，欧盟没有为已有相同或相似产品的商标权所有者提供相应的保护，违反了注册商标权条款；再次，欧盟 2081/92 号指令及其修改文件和实施措施没有向商标权所有者和非欧盟成员国提供法律救济方法，加大了不正当竞争的可能性；最后，欧盟没有为非成员国提供与成员国相同的待遇，违反了国民待遇和最惠国待遇两项原则。

专家组最终判定欧盟的做法违反了国民待遇原则，认为对地理标志的注册属于商标权的“有限例外”、地理标志保护制度不违反《与贸易有关的知识产权协议》的要求。世贸组织争端解决机制在 2005 年 4 月通过了专家组的裁决，欧盟也承诺会修订 2081/92 号指令及其修改文件和实施措施。

美欧间发生贸易战最主要的原因依然是欧盟的行为侵犯了美国和澳大利亚的相关利益。除此之外，还因为两种立法模式的抗争。欧盟要求第三国在申请受欧盟保护的地理标志时必须满足地理来源与产品特质、声誉等其他方面有直接的联系，且申请国当地要有与欧盟相同效果的监管系统，这对于美国来说十分苛刻，这也是美国发起此次贸易战的另一大原因。

这场欧盟与美国间的纠纷可谓历史悠久，早在“乌拉圭回合”时，双方就针对是否应当将知识产权划分在《与贸易有关的知识产权协议》中发生过争执，但最后双方均为了自己的利益向对方妥协，使知识产权最终被纳入世贸组织和《与贸易有关的知识产权协议》中。在这次纠纷中，针对美国和澳大利亚两方的控诉，欧盟并未进行过多的抗辩并在判决结束后积极配合，由此可见欧盟内部也了解其措施的偏颇。欧盟希望着力发展地理标志，而美国和澳大利亚有相反意见的原因在于双方间的历史差异。欧盟内部的国家大多有悠久的历史，特别是法国，在红酒方面有独特的造诣，因此欧盟希望巩固地理标志，而美国和澳大利亚则主要以移民为主，较少的地理标志性产品使其忽略了对地理标志相关法律的制定，以至于其在欧盟颁布相关政策后陷入被动，从而不得不发起贸易战。

从这次纠纷中我们可以得到以下三方面启示：首先，世贸组织对地理标志的保护和各国对世贸组织地位的认可。美欧关于地理标志的争议由来已久，在双方协商无果后美国将欧盟上诉至世贸组织，世贸组织随即展开调查，表明了世贸组织对地理标志的重视；美国、澳大利亚和欧盟均在判决通过后积极配合则体现了世贸组织在世界贸易争端解决中不可替代的地位。其次，要重视对本国弱势知识产权的保护。就本案中的美国和澳大利亚来说，由于历史的原因缺少如法国红酒等直接与地理位置相联系的产品，也没有相关法律，导致其不得不在欧盟颁布政策后选择谈判甚至上诉。这就警示其他国家要完善本国的法律，无论是对本国的优势产业还是劣势产业，都应该制定尽可能完善的法律以保证本国的基本利益。最后，申诉方主要指控被诉方违反了国民待遇原则，这直接说明了各国对国民待遇原则的重视，间接说明了国民待遇原则是贸易战发起的主要依据。在该案例中，欧盟要求申请者政府介入地理标志申请的要求从表面上看并无不妥之处，但实际上却在无形中加大了非成员国国民的申请难度。由此我们发现，国民待遇原则是各国判断基本利益是否受到影响的主要依据，也是世贸组织保护的重点，这就要求其他国家制定政策时采取更加谨慎的态度，遵循国民待遇原则避免引发贸易战。

综观这场贸易战，看似是美国和澳大利亚取得了胜利，但实质上却是欧盟就此在地理标志的问题上占据了主动，原因在于虽然专家组判决欧盟颁布的相关措施违反了国民待遇原则，但却没有对欧盟关于地理标志的认定方法提出质疑，这就意味着专家组对欧盟的方法表示认可，这对于美国来说显然是不利的，也就是说，第三国想要得到欧盟关于地理标志的保护就需要满足其制定的苛刻条件。虽然在专家组判决后欧盟修改了关于申请地理标志的规定，但从本质上来看，其他国家若想在欧盟内部得到保护仍需要国家内部有与欧盟相同效力的监管系统，这对于美国等在地理标志监管方面没有较强基础的国家来说，成本无疑是巨大的，建立监管系统的成本甚至要远大于受到欧盟保护的利益，对于发展中国家来说更是如此。因此，欧盟的此项要求将大多数国家的地理标志申请拒之门外，间接地保护了联盟内部的产业发展。由此可见，此次由美国和澳大利亚发起的贸易战并没有达到美国和澳大利亚的根本目的，美欧双方在地理标志方面的立法模式战也并没有停止。

第二节 知识产权贸易纠纷——日本与美国

作为世界知识产权的两大强国，美国与日本在这一方面可谓纷争不断。双方的知识产权摩擦起源于 20 世纪 50 年代，日本大部分民众认为知识产权纠纷与双方的贸易不平衡有关——日本的工业在 20 世纪 70 年代发生了根本性的转变。日本工业的崛起对当时深受石油危机影响的美国工业造成了巨大的打击，双方的贸易收支差距逐渐拉大，时任美国总统的卡特随即表示将对知识产权实施保护并指出日本是其最大的威胁。但美国加强知识产权保护后的效果并不明显，1987 年美国的收支赤字达到 1600 亿美元，其中日本占到 40%，这就直接导致里根、乔治·沃克·布什等美国的后任总统在知识产权方面大做文章。除了在政策上加强对知识产权的保护外，美国在战略方面也做出了较大的调整：1982 年，美国设立联邦专利巡回起诉法院使专利权利范围大大增加；美国知识产权委员会也针对其主要对手日本提出了包括专利权、商标权、商业秘密在内的 12 项要求。对于来自美国政府和相关机构的压力，日本当局虽然抱怨不断但也被迫屈服于美国的压力。美国之所以从各个方面入手限制日本的知识产权，主要是为了弥补其贸易逆差，以维护美国的经济地位。

半导体一直是美日贸易摩擦的主要标的，在 1986 年 9 月两国签署半导体协议后，日本的出口额仍然高居不下，迫于美国政府的压力，日本在 1991 年

6月同意向美国开放日本20%的国内市场。也正是利用这一契机，美国半导体企业德州仪器进入日本市场并凭借其定位信号发射器的专利对日本公司提起大规模诉讼，获得的使用费和补偿金足以弥补其在市场上的亏空。1980年，简单定位信号发射器专利在日本的保护期限届满，看似日本企业要“重见天日”之时，德州仪器对其原有专利进行分离并试图利用分离出的8个发明再次申请专利，虽然这8个发明均得到了否定，但德州仪器将上述8个发明再次分割出一件发明，1986年日本通过了这项发明并将其命名为“齐鲁比725专利”（齐鲁比为简单定位信号发射器的最初发明者）。

在获得相关专利权后，德州仪器故技重施，对NEC等日本主要半导体企业收取专利使用费，以继续其对日本企业的“侵略”，在多数日本企业都趋于服从的情况下，日本富士通和三洋电机公司却拒绝支付使用权并针对德州仪器提起诉讼。1992年6月，德州仪器公司在布达拉斯州对三洋电机公司提起诉讼，但出乎德州电机公司意料的是，三洋电机随即在7月向旧金山联邦地方法院以德州仪器公司违反反垄断法为由提起诉讼，这一始料未及的情况使德州仪器公司迅速与三洋电机公司达成协议，在双方和解的前提下撤回诉讼。不同于德州仪器公司与三洋电机公司的和解，富士通公司在1991年向东京地方法院提起诉讼并提出其“没有侵害德州仪器公司齐鲁比725专利”的观点，德州仪器公司提出反诉，经过长达三年的调查后，东京地方法院宣布富士通公司胜诉。

经过三年的调查后，东京地方法院宣布日本企业胜诉，这一判决的理论支持是什么呢？答案就是富士通公司对技术的微小修改，例如德州仪器公司申请的专利是将各单元以距离隔开，而富士通公司则是将单元嵌入绝缘体，这两种做法都起到了绝缘的作用，但由于方式不同日本法院即可确认其方法并不构成侵犯专利的“必要条件”。据此，我们可以看到，日本法院甚至政府在判定是否侵犯专利时采取的专利解释论更有利于企业对相关专利技术的改进，可间接提高本国的经济发展水平。这就为其他发展中国家甚至是发达国家提供了重要参考，即相关产业较落后的国家可以采取上述方式以促进企业的科技进步和经济发展。

除电子通信产品，美日在生物工艺学方面也产生过较大的纠纷。由于美国先于日本对生物工艺学进行研究，因此大部分的专利在日本介入时为美国企业或个人所有，其中以Herbert W. Boyer教授为代表的Genentech公司更是在1976年就获取了蛋白质药品的专利，在给其所属大学斯坦福大学带来巨大经济利益的同时为世界医学的进步做出了突出的贡献。

1987 年 8 月，Herbert W. Boyer 教授成立的风险投资企业 Genentech 在大阪地方法院对日本东洋纺织公司和东洋纺医药公司提出诉讼，原因是其认为日本这两家公司在血栓溶解剂的生产方面侵犯了 Genentech 公司的专利，要求日本公司停止对这一产品的生产和销售。原告提起诉讼后，日本公司迅速做出回应：原告专利所涉及的排列组合与天然形成的排列组合一致；原告专利申请时的排列组合是错误的；专利清单中涉及的专利示例与原告在本案中列举的不同。大阪地方法院在 1991 年 10 月 30 日宣布支持原告的申诉，原因在于法院认为专利局认可该项专利。判决下达后，被告企业向大阪高级法院提出上诉但最终被驳回。败诉后，被告方宣布退出该项产品市场。

从上述案例中我们不难发现，日本在知识产权方面受到的压力相对较大，笔者认为这与日本的经济实力和专利认定制度有关。就经济实力而言，日本显然不及美国，因此也就导致了其在各个方面都不得不向美国做出妥协；就专利认定制度而言，日本的专利制度是否完善还有待考量，因为在上述血栓溶解剂一案中，美国对日本的诉讼依据正是美国在日本拥有该项目的专利权。众所周知，专利权是知识产权的重要组成部分，也是企业维护自身科技成果的重要渠道，同样，它也是让本国企业遭受打击的重要原因，对国外企业授予本国专利就会为本国企业带来潜在的被诉讼的风险，这也提醒其他国家要注重专利权授予制度的认定。另外，上述日本败诉的企业迅速退出市场的做法不仅让我们看到了专利诉讼给企业带来的打击，也让我们意识到先进入市场和及时转移市场的重要性：由于美国企业早已占据大部分生物工艺学领域的专利，日本企业在败诉和退出市场后便更多地选择研究中医药市场，试图在中医药等相关方面占据优势，以获得类似于美国的专利成果。总体来看，日本企业不纠缠于原有市场进而大胆转向新市场的开发的行为值得处于危险边缘的企业和国家借鉴。

第三节　知识产权贸易纠纷
——美国与北美国家

由于地理位置的原因，北美国家是美国重要的贸易伙伴，国家间有关知识产权的贸易纠纷数量也不断增多。1999 年 5 月 6 日，美国根据 WTO《关于争端解决规则与程序的谅解》（DSU）中的相关规定，就加拿大现行《专利法》第 45 条未能按 TRIPs 协议的要求为专利权提供最低保护期的问题，要求与加拿大进行磋商。但双方经磋商未果。于是，美国于 1999 年 6 月 15 日向 WTO 争端解决机构（DSB）提出了申请，要求成立专家组对争端进行调查和审理。美国认为，按照 TRIPs 协议第 65 条的规定，所有发达国家包括加拿大，应于 1996 年 1 月 1 日起开始实施其在 TRIPs 协议项下的各项义务。根据 TRIPs 协议第 33 条和第 70 条的要求，WTO 各成员方自 TRIPs 协议实施之日起，应对在 TRIPs 协议实施之日所有尚存续的专利给予最低保护期，即保护期自专利提交之日起不少于 20 年。然而，根据加拿大现行《专利法》第 45 条的规定，凡在 1989 年以前申请并获取的专利权，其保护期限为自专利权授予之日起 17 年。美国认为，自专利权授予之日起保护 17 年与自专利申请提交之日起保护 20 年是两个完全不同的概念，因为按照加拿大现行《专利法》第 45 条的规定，凡在 1989 年以前申请并获取的专利权，其保护期限为自专利权授予之日起 17 年，这显然与至少 20 年保护期的要求相违背。因此，加拿大现行《专利法》第 45 条与 TRIPs 协议第 33 条和第 70 条规定的各成员方应当承担的义务是不一致的。美国还提供了一系列的调查数据，说明由于加拿大未能履行 TRIPs 协议项下的义务，而给许多在加拿大境内获取专利权的美国拥有者造成了巨大的损失。据美国统计，在加拿大境内提交的专利申请中有近 50%来自美国的申请人，而且约有 33000 多美国专利权拥有者所享有的专利保护期不足 20 年。例如，美国 Pfizer 公司拥有一项药品专利，如果根据加拿大现行《专利法》第 45 条的规定，该项专利于 1999 年 8 月失效，而若按照 TRIPs 协议第 33 条的规定，该项专利则直至 2000 年 10 月才会失效，这中间的差距达 14 个月之多，给专利人带来了巨大经济损失。应美国的要求，DSB 受理了此案，并于 1999 年 9 月成立了专家组对该案进行调查和审理。后由于美国认为如果不对本案加速审理的话，将会导致一些专利权的保护期过早期满，从而使专利权人在争端解决的过程中遭受损失。因此，美国于 1999 年 10 月 22 日向争端解决机构提交了申请，要求按照《关于争端解决规则与程序的谅解》第 49 条的规定加速对本案的调查和审理。专家组接受了该申请，并制定了审理该案的最低期限，表示在美国和加拿大双方进行实质性会谈后尽快提出专家组报告。

专家组经过调查后提出报告，认为加拿大现行《专利法》第 45 条没有按照 TRIPs 协议第 33 条的要求，为专利提供自专利申请之日起至少不少于 20 年的保护期限，因而违反了 TRIPs 协议项下成员方的义务。2000 年 10 月 12 日，争端解决机构通过了专家组报告，建议加拿大立即对其现行《专利法》进行修改，使之与 WTO 的相关协定和 TRIPs 协议的规定和要求相一致，以避免使许多在加拿大境内取得的专利权的保护期过早期满。

面对美国的上诉，加拿大方面提出两条抗辩理由：加拿大《专利法》适用于 TRIPs 协议第 70 条第 1 款——“对于在本协议所涉成员适用之日前发生的行为，本协议不产生义务”；加拿大认为其专利审核期限一般在 5 年，加上法律规定的 17 年，实际上加拿大对专利的保护期限已经超过了 20 年，这是符合 TRIPs 协议的，同时，专利申请人还可以要求延长审核期限，即审核期限可能超过 5 年，加拿大对专利的保护期限将会明显超过 20 年。对此，美国提出相反的观点，表示加拿大《专利法》应适用于 TRIPs 协议第 70 条第 2 款，即“除非本协议另有规定，否则本协议对于在本协议对所涉成员适用之日已存在的，在上述日期在该成员中受到保护，或符合或随后符合根据本协议条款规定的保护标准的所有客体产生义务”。

就此看来，本案主要纠结加拿大《专利法》适用于 TRIPs 协议第 70 条第 1 款还是第 2 款。从字面上来看，TRIPs 协议第 70 条第 1 款认为协议不对“行为”产生义务；第 70 条第 2 款规定协议对“客体”产生义务，即专家组的主要任务是判定加拿大《专利法》的规定属于“行为”还是“客体”。因此，专家组将涉及的调查范围缩小到 1989 年 10 月 1 日前提出的，在提出后 3 年内通过的且 1996 年（申请后 17 年）仍有效的专利。调查后，专家组认为“行为”不同于“客体”，授予和保护专利是一个持续的行为，因此本案适用于 TRIPs 协议第 70 条第 2 款。对于加拿大一方提出的专利审核期限的抗辩，专家组认为本案涉及的专利授予案例已经不涉及延长审核期限一说，加之其在调查后认为约有 40%的专利申请审核期限小于三年，即在加拿大境内有 40%的专利保护期短于 20 年，最终专家组判定加拿大《专利法》第 45 条不符合 TRIPs 协议。

在专家组发布判决结果后，加拿大随即提出上诉，上诉机构同样将分析重点放在了“行为”和“客体”的区分上，只不过上诉机构对本案适用于 TRIPs 协议的第 70 条第 2 款给出了更明确的解释。上诉机构认为，第 70 条第 1 款中的“行为”是指专利的提出和授予，而授予专利权的行为也伴随着专利权的给予，TRIPs 协议第 70 条第 1 款对行为不产生义务不代表对其行为所带来的权利的义务的免除。综上，上诉机构认可了专家组的全部判决并维持原判。

此次纠纷中加拿大的落败说明包括纠纷双方在内的世界各国必须加强对国内法律的调整。随着全球化进程的加快，世界各国都试图通过加入世贸组织等机构以与其他国家形成更密切的贸易关系，当国内法律不符合国际要求甚至与国际法律背道而行时，各国要及时发现不同之处并尽快修改。结合本案例来说，我们可以发现世贸组织争端解决机制对于 TRIPs 协议不产生义务的判定是十分严谨的，对加拿大一方适用 TRIPs 协议第 70 条第 2 款的条件的把控也十分严格。这就说明，除非国际协议的规定与本国实际情况完全相符，否则世贸组织将不会判定其协议规定适用于某一国家。因此，第一，在本案中当加拿大政府发现其法律与国际规定不符时应改变其法律条款。第二，当一国认为其国内要求符合世贸组织的相关规定时，还要注意本国内可以实现该条件的范围。根据上述案例中专家组的判决，我们可以认为专家组认为的国际规定与本国法律相符的条件是本国所有情况均在满足国际规定的基础上满足了国内法律。结合本案例来说就是，加拿大一方抗辩时提到的其审核专利是否通过的平均时间是 5 年，那么如果加拿大想要利用这一期限证明其专利的保护时间实际已经超过 TRIPs 协议中的规定（20 年），就要保证其国内所有的专利审核期限均超过三年，但从专家组的判决中我们可以直接看到，加拿大国内约 40%的专利审核时长低于三年，那么这部分就成为加拿大国内现状不符合国际规定的直接证据，显然也就使加拿大在此次纠纷中陷入被动。第三，这场纠纷也告诉我们专家组在裁决过程中主要是对关键词进行分析。本案中，美加双方对加拿大《专利法》适用于哪一具体条款产生分歧，专家组和上诉机构均对美加两方所认定的条款的关键词进行了解读，区别“行为”和“客体”后给出了最终结论。各国在判定某一项条款是否适用时也应加强对关键词的分析，重点分析这一关键词的内容、形式和最终效果，本案中就是“行为”和“客体”的具体含义、是否为连续过程和实施后带来的影响，在分析的基础上确定某一法律是否适用于本国。第四，各国还必须意识到及时主动地对本国不当法律或准则进行修改的重要性。本案中，加拿大外交与国际贸易部门应该在美国政府对其进行诉讼甚至是美国政府发现这一问题之前发现其国内法律与国际规则的不同之处，及时进行修改以避免与美国的纠纷。虽然及时修改法律可能意味着本国利益的下降，但贸易纠纷特别是知识产权类贸易纠纷的成本极高，其可能使此前“无视”国内法规获得的利益付之东流，所以在发现问题时就及时进行修改才是最值得提倡的。

第四节 知识产权贸易纠纷
——美国与其他国家

（一）美国与印度

1996 年 7 月 2 日，美国要求与印度就药品和农业化学产品的专利保护问题进行磋商，双方协商无果后，同年 11 月 7 日美国要求设立专家组，两周后专家组成立，对美国与印度间的专利保护案进行处理。

本案的起因是印度在 1970 年确认了制造合成药物程序的专利，但并未确认由程序制造出的产品的专利授予过程，因此，印度内部并没有对食品及药品等物质授予专利。在“乌拉圭回合”谈判中，印度做出了调整专利法的承诺，但由于政治问题，仅对专利法案的修订进行了讨论，并未确定相关法案。之后，印度议会决定将药品和农用化学品的专利申请暂时搁置，直至印度相关机构修改专利法后再进行专利权的授予。但印度并未告知世贸组织知识产权理事会，也并未公布此决定。因此，美国以印度此举不符合《与贸易有关的知识产权议》为由向世贸组织提出申诉。

美方认为，印度违反了 TRIPs 协议第 70 条第 8（a）款、第 70 条第 9 款、第 63 条第 1 款和第 2 款。

TRIPs 协议第 70 条第 8（a）款规定：“当某成员方在 WTO 协议生效之时，尚未根据第 27 条规定的义务对药品与农用化学品专利提供保护，应符合如下几点：（a）于 WTO 协议生效之时，提供这种发明专利可提出申请的办法，尽管有第六部分（即 TRIPs 协议的过渡期）的规定；（b）这些申请的提出，享有本协议规定的申请日，适用本协议规定的可授予专利的标准，如果在该成员方申请之日，这些标准被适用，或者当存在并要求优先日时，享有优先日；（c）对于那些符合上述（b）项规定的保护标准之申请，根据本协议从专利授予之日起提供专利保护，并存续于专利期间内，根据本协议第 33 条规定，该专利期的计算自申请之日起。”关于第六部分（即 TRIPs 协议的过渡期）的解释，专家组认为此项例外适用于 1995 年 1 月 1 日前已经根据 TRIPs 协议对药品和农用化学品进行专利保护的国家，此看法也得到了争议双方的支持。针对印度搁置专利申请直至专利法出台的做法，专家组认为印度在未通过专利修订法案的情况下仅靠未发布的行政决定处理专利申请的做法缺乏法律保障。

在印度略处于下风的情况下，美方继而提出印度违反 TRIPs 协议第 70 条第 9 款——“尽管有第六部分的规定，根据第 70 条第 8（a）款，如某产品属于某成员方的专利申请之主题，在被允许进入某成员方市场之后，授予其 5 年的专有经营权，或者直至在该成员方被授予产品专利或被拒绝授予为止，视何种期限较短而定，条件是：作为《世界贸易组织协定》生效的结果，某项专利申请已经提出，并且该产品已经被另一成员方授予专利和获准市场进入”的规定。针对这项指控，印度方面的解释为其未收到相关请求，专家组在了解实际情况后认为 TRIPs 协议要求各成员国采取积极式行动，也就是说，印度当局需要主动制定出一套专利权的核准制度，而在本案中，印度政府并没有赋予其相关机构必要的权力，因此，印方并未接到专利申请的反驳不能掩盖其违反 TRIPs 协议规定的事实。关于印度违反 TRIPs 协议第 63 条程序性的问题，专家组裁定其有权利对此项条款进行审查并认为印度的做法违反了 TRIPs 协议关于程序性的规定。

最终，专家组分析后认为印度的做法违反了 TRIPs 协议第 70 条第 8（a）款、第 70 条第 9 款、第 63 条第 1 款和第 2 款。在专家组做出判决后，印度方面提起上诉，但上诉机构仅针对专家组关于印度是否违反 TRIPs 协议第 63 条的处理意见进行了修改。上诉机构认为，专家组就第 63 项条款来说没有管辖权，并于 1998 年 1 月 16 日正式做出判决，要求印度在 1999 年 4 月 16 日前完成对专利制度的修改。

与其他案例一样，美印双方的此次争执再次向我们说明了提升本国产业实力的重要性，只有本国在相关产业方面达到能与世界各国抗衡的地步，才不至于使国家陷入被动。同时，还启示各国要保证政局的稳定，印度正是因为 1996 年 5 月 10 日下议院解散，才使专利法案的修订遭到拖延，进而采取搁置专利申请的做法，最终被美国抓住把柄。由此可见，政局能最大限度地保证国家经济的平稳运行，保证本国各项政策的实施。此外，该案例还告诉各国要注意过渡期的使用。世贸组织虽然对经济实力较弱的国家给予了一定的保护，即给予过渡期从而保证经济欠发达国家更顺利地与发达国家进行经济对接，但这并不意味着享有“过渡期”这一优惠的国家就可以将这一条款作为违反相关规定的借口，在本案例中，世贸组织限定的使用过渡期的条件是只有在 1995 年 1 月 1 日前已经对本国药品与农用化学品专利实时保护时才有权享有过渡期保护，这就提醒我们在利用世贸组织给予的优惠的过程中，要注意世贸组织限定的相关优惠的使用条件。

（二）美国与韩国

世界上两大手机生产商——美国苹果公司和韩国三星公司间发生了知识产权战。为顺利发售 iPhone 手机，苹果公司在 2007 年前就对手机的前端屏幕（矩形平面设计、边框设计）和手机用户界面等外观设计申请了专利。随着 iPhone 手机的热销，越来越多的手机生产商包括三星和华为等都开始生产与苹果手机相似的屏幕。因此，苹果公司与其主要竞争对手关于外观设计专利权产生贸易纠纷就不可避免。

2011 年，苹果公司起诉三星公司侵犯其外观设计专利权。《美国专利法》第 289 条规定：制造或销售在其上使用某一享有专利的外观设计或欺骗性模仿设计的“制造品”，属于侵权行为；行为人“在其总利润的范围内”但“不低于 250 美元”，对专利权人承担侵权责任。

在本案中，韩国三星公司对于其侵犯美国苹果公司外观设计专利权的行为并没有太多异议，但双方就赔偿金的计算基础产生了不小的分歧：根据陪审团的认定和法院的判决，三星公司应支付赔偿金 3.99 亿美元，这一数额的计算基础是三星智能手机销售的全额利润。然而，这一计算方式却没有得到三星公司的认可，认为其智能手机仅对苹果手机的屏幕外观设计专利构成侵权，其赔偿金的计算基础应为其屏幕带来的利润。这一申诉遭到了联邦巡回法院的否决，法院认为屏幕是智能手机的组成部分，不能单独销售，也就不属于单独的制造品，不能仅以此收入作为计算基础。

2016 年 12 月，索托马约尔大法官就该案件代表最高法院发表意见，撤销了联邦巡回法院的判决并要求重审，原因是《美国专利法》第 2 条规定，损害赔偿金计算所依据的相关“制造品”，并非必须是出售给消费者的最终产品，也可以是该产品的组件。那么就该案例来说，“制造品”是指由手工或机器制造的物品，既包括最终产品，也包括产品的组成部件，这就说明联邦巡回法院对于“制造品”一词的认识是狭义的。从这一案例中我们可以看到，美国最高法院对于“制造品”的解释，即最高法院认定赔偿金的计算基础可以是单一组成部件所获得的利润，这一点对于三星等利润较高的企业来说无疑是十分重要的。

其实，除了外观设计专利外，苹果公司还申请了包括“滑动解锁”专利在内的各项专利，这使其获得了较大的专利优势，也直接对其主要竞争对手——三星、华为等公司构成了成本上升的压力。除了上述提到的外观设计专利外，苹果公司与三星公司还在“滑动解锁”等诸多问题上发生过纠纷，这间接说明了三星公司缺乏创新。作为智能手机的引领者，苹果公司在进入市场前必然会对其产品应用到的技术进行专利申请，这使后进入智能手机生产行业的三星公司陷入被动。从其生产的产品中我们也可以看到，三星手机在外形、功能和使用效果方面都与苹果手机具有较大的相似性，虽然两者使用了不同的软件系统，巨大的相似性使双方间的知识产权纠纷不可避免。但是韩国政府不能效仿之前我们提到的日本政府，即通过立法宣布只要有微小的方式上的改变就不构成侵权。因为三星公司的产品面临的是世界市场，也就是说，即使韩国政府做出了相同的法律规定，也只能保证三星公司在韩国内部免于受到苹果公司的起诉，但这一做法的负面影响显然更大，因为一旦韩国政府通过了与日本政府相同或相似的法律法规，就意味着韩国从国家层面上认同了对手机产业的保护，也就间接地将苹果公司推向世界手机市场领导企业的地位，因此，模仿日本政府的做法以保护本国产业的方法显然弊大于利。那么，对于三星公司等手机生产商而言，如何利用苹果公司在智能手机行业已有的成就并打破其在世界市场上的垄断性就成为值得研究的问题之一。就当前市场环境来看，苹果手机仍然在市场上有较大的份额，市场上也存在大量忠实的“果粉”，这就要求三星等公司以苹果公司为踏板，在其基础上创造出更适合消费者使用的手机，凭借其专有的特点在世界手机市场上占得一席之地，凸显了创新的迫切性。当然，除了三星公司，其他手机生产商也面临同样的问题，这就要求各手机生产商将大量的资本投入到研发中，以申请到可以与苹果手机相抗衡的专利技术，保证本企业的收益。

上述所有关于知识产权贸易纠纷的案例告诉我们，在各国生产技术和劳动力水平趋于一致的背景下，科技研发成为了一国经济增长的主要推动力，“专利”的数量也间接代表了一国的经济发展潜力。然而，美国无论是在知识产权授予制度还是在知识产权申诉方面都有着明显的优势，随着美国贸易保护主义的抬头，美国与其他经济体的知识产权贸易纠纷也必然会有所增多，最直观的证据就是当下美国对中国在知识产权方面的控诉，从美国总统特朗普宣称中国企业侵犯美国知识产权，到中国中兴通讯股份有限公司被叫停，无数的事实都表示知识产权申诉正成为美国维护其世界经济霸主地位的主要手段。同时，从之前介绍的案例中我们可以发现，知识产权纠纷的赔偿金额足以保证一个企业转亏为盈，也足以迫使一个企业就此退出该项市场。那么，如何避免本国企业陷入知识产权纠纷呢？最好的答案就是进行自主创新，以自我科研实力的强大为根本目标。提升本国科研能力，不仅有利于避免产生不必要的贸易纠纷，还有助于一国企业提升其在世界市场上的地位，进而提高本国的经济实力。

第五节　知识产权贸易纠纷——美国与中国

（一）美国莱伏顿公司与中国通领科技集团的纠纷

中美知识产权诉讼史上最具代表性的案例——美国莱伏顿公司诉通领科技集团案。

通领集团是中国一家外向型的高新技术企业，依靠自主研发的产业链有效填补了全球接地故障短路器市场的空白，并迅速占领国内市场。2004 年 1 月，通领集团在取得美国律师事务所出具的不侵权意见书后将产品出口至美国，由于其产品具有较高的性价比，所以在产品出口美国市场 5 个月后便拥有了多家合作企业，获取了较大的经济利润。同时，通领集团在美国市场上的活跃引起了每年有 30 亿美元市场的美国接地故障短路器本土生产商的注意。2004 年 4 月，美国本土的接地故障短路器主要生产商莱伏顿公司在美国新墨西哥州、佛罗里达州、加利福尼亚州起诉了通领集团的四家主要客户。2005 年 3 月，莱伏顿公司故技重施，又向通领集团的另一家重要客户发起诉讼。通领集团应诉后向法院提出，希望在纠纷解决前美国莱伏顿公司不再向其他客户发起诉讼和将多个诉讼案集中至同一法院进行审理，法院对此表示支持。在了解双方意见后，2008 年 7 月 10 日美国新墨西哥州联邦地区法院法官签署马克曼命令，认为中国通领集团公司的产品并未侵犯莱伏顿公司提及的相关配件的知识产权，驳回美国企业的诉讼要求。由法官签署的马克曼命令是法院判决结果的体现，是在没有陪审团的情况下主审法官和相关行业专家共同做出的决定，马克曼命令签署后随即生效。

这场贸易纠纷产生的根本原因是中国企业的进入影响了美国本土生产商的经济利益，美国莱伏顿公司提出诉讼是希望拖垮中国企业使其退出美国市场。莱伏顿公司提出诉讼后表示愿意和解，但前提是中国通领集团要以书面形式说明其产品的确侵犯了美国知识产权并缴纳使用费，从莱伏顿公司的态度中我们可以发现其自知理亏。另外，莱伏顿公司选择起诉通领集团的主要合作对象而非其本身也间接说明了其并没有证据证明通领集团侵权。但由于美国莱伏顿公司的诉讼，通领集团主要的五家合作对象纷纷延缓了合作进程，影响了中国企业的利润。

此次贸易纠纷意义重大，对中国企业的积极影响远远大于消极影响。这场中国小企业战胜世界领先企业的案例极大地鼓舞了中国企业走向世界和应诉的信心，通领集团的做法也为中国甚至世界上的其他企业提供了应对海外诉讼的参考。首先，要尽可能地缩小诉讼范围、时间和成本。本案中，美国莱伏顿公司分别在三州提起诉讼无疑是希望拖延时间，其最终目的并不是为了赢，而是希望用扩大成本的方法延迟中国通领集团在美国市场的扩张甚至将其“逼”出美国市场。对此，通领集团提出不再向其他合作商提出诉讼和将有关案例全部由新墨西哥州联邦政府审理的要求，有利于维护现有客户和缩小诉讼成本。由此来看，在贸易纠纷中应诉方应考虑被诉产品对公司的重要性、企业自有资金和对产品知识产权的了解程度，调整对诉讼的投入。其次，要积极应诉，合理抗辩。据统计，在世界允许的超过 30 种的抗辩理由中，中国企业经常运用的只有 8 种，即仅有 1/4 的抗辩理由为中国企业所用。不难想象，对于其他经济实力较弱国家的企业来说，其能应用的抗辩手段则更为有限，美国等发达国家也正是利用新兴经济体的这一弱点，在外商对本土市场发起冲击时发起诉讼，多数企业面对高额的诉讼成本选择退出市场，从而使美国的计谋得逞。因此，对于发展中国家的经济实体来说，面临诉讼时要积极利用相关抗辩手法尽可能地为本方争取更多的时间，在拥有明确证据的条件时要据理力争，必要时还可以考虑使用第二层或第三层抗辩理由；在的确侵犯其他国家知识产权时要尽量选择和解、交叉许可的方式，以避免对本国企业产生更大的影响。最后，要主动了解出口国的法律环境。本案中，最终使法官签署中国企业胜诉的马克曼命令的关键证据是中国通领集团提交的出口前由美国律师事务所出具的不侵权证明，这直接说明了企业进入海外市场前获取海外专利的重要性。中国通领集团抗辩时可以将不侵权证明作为关键性证据提交，但最优的做法则是在进入市场前获得相关国家的知识产权专利。

对于中国等发展中国家的企业来说，经济实力不强和海外的法律环境较陌生是海外应诉的主要障碍，这就要求政府对国内企业给予充分的帮助，避免国内企业面临海外厂商“围而不打”的诉讼时陷入被动。第一，相关行业协会要利用自身特点召集各大企业，采取借贷的方式为本国在海外应诉的企业给予资金支持，以避免其国内中小型企业由于资金链的断裂而退出海外市场；第二，各地政府及其下属部门应建立知识产权咨询机构，分别在企业进入海外市场和面临海外诉讼时给予帮助和指导，使企业尽量避免陷入贸易纠纷中，减少经济损失。

（二）美国 Autodesk 公司与中国龙发公司的纠纷

2003 年 9 月 16 日，北京市第二中级人民法院对 Autodesk 公司和龙发公司的贸易纠纷做出判决，中国龙发公司被勒令自判决生效起，停止对 Autodesk 公司计算机软件著作权的侵犯、就其侵权行为在《北京晚报》上公开道歉并向原告赔偿 149 万元。一审判决结果生效后，龙发公司对自己的部分侵权行为予以否认并对法院计算赔偿金额方法产生怀疑。在二审期间，龙发公司与 Autodesk 公司和解，二审终止，各方按原判决执行。

高达 149 万元的赔偿金额使这场纠纷受到了社会的关注。原告 Autodesk 公司拥有 3ds Max 系列和 AutoCAD 系列计算机软件的著作权，认为被告龙发公司在未得到许可前擅自使用其公司软件，并向法院提交了软件注册证明书、对龙发公司所属店面的调查记录等；龙发公司则辩解称其购买过原告的正版软件，但因价格过高而最终选择与原告产品有同等作用的替代产品，且原告提出的对其产品的应用是该公司员工擅自进行的，而非公司要求，因此龙发公司并没有侵犯 Autodesk 公司的著作权，同时也提交了相关证据——《CAD 软件正版化》合作协议书和专用发票等，以证明龙发公司的正版意识。证据提交后，双方均对对方提交的部分证据提出质疑。

中美均是《伯尔尼保护文学和艺术作品公约》的成员国，而该条约规定："作者为本同盟任何成员国的国民时，其作品无论是否已经出版，都受到保护，且保护程度由被要求给予保护的国家的法律决定"，即美国 Autodesk 公司受到与中国公司同等的知识产权保护待遇。同时，中国的《计算机软件保护条例》第 5 条第 3 款规定："外国人、无国籍人的软件，依照其开发者所属国或者经常居住地国同中国签订的协议或者依照中国参加的国际条约享有的著作权，受本条例保护。"也就是说，中国法院应当依据《伯尔尼保护文学和艺术作品公约》的规定对美国公司实施"国民待遇原则"。法院在确定法律支持后，对该案进行了调查。调查发现，龙发公司曾因擅自使用 Autodesk 公司的软件受到过行政处罚，此次再次被上诉至法院，故意侵权行为明显。2002 年 4

月至2003年10月，执法人员连续两次发现龙发公司九家经营网点擅自使用了3ds Max系列和AutoCAD系列计算机软件，结合其他调查，最终确定龙发公司擅自安装并使用Autodesk公司的计算机软件共计94套。这一数据使龙发公司关于“员工擅自安装并使用软件”的说法成为无稽之谈。在确定赔偿金额时，法院认定原告损失的金额应该是其正常许可使用的市场价格，因此，法院根据中国龙发公司的侵权软件数量和市场价格进行计算，确定了最终149万元的赔偿总额。

中美间的这场知识产权纠纷最终以中国企业败诉收场，中国龙发公司侵犯美国Autodesk公司的事实不容置疑，最终败诉也是理所当然。但我们可以从此次案例中总结美国Autodesk公司的做法，吸取一些经验。在其提交的证据中，不仅有证明3ds Max系列和AutoCAD系列计算机软件属于自己的证明书，还有对龙发公司经营网点的勘查笔录和照片等资料，这就是我们在上个案例中提及的关键性证据，也正是由于这两项关键的证据，美国Autodesk公司不仅证明了该项权利属于自己，还证明了中国龙发公司确实擅自安装并使用了其软件，使被告陷入被动，为本方的胜诉奠定了基础。

龙发公司为其他公司提供了反面教材，在知识产权越来越受到关注的当下，价格过高不足以成为其他不享有专利权的公司选择其他替代品的理由。就龙发公司这样的大企业来说，由于侵权遭受本国的行政处罚已经对其声誉造成了极大影响，而被国外厂商起诉更是对其名誉造成了不可扭转的影响。就知识产权所属国来说，要致力于保护本国知识产权人的相关权利，对于有知识产权保护需求的公司来说，国家要注意其使用产品的合法性并加大对无视法律要求、多次侵犯他人产权的公司的处罚力度。结合上述案例来看，北京市相关机构在美国Autodesk公司上诉前便发现了龙发公司的侵权行为并对其进行了行政处罚，如果当时加大惩罚力度，龙发公司便会受到较大的制约，上述贸易纠纷也可能不会发生。但龙发公司在二审期间的做法值得提倡，在已知本企业行为确实侵犯Autodesk公司的权利时，龙发公司选择庭外和解，避免了承担法院二审的审判费用和受到更大金额惩罚的可能。

在博鳌亚洲论坛2018年年会开幕式上，习近平主席就知识产权方面表明了中国的观点，指出：中国在2018年将重新组建国家知识产权局，完善加大执法力度，提升违法成本，充分发挥法律威慑作用。上述话语表明了中国在完善和调整知识产权方面的决心，表现出作为申请国际专利的第二大国家，中国越来越注重知识产权方面的保护。国家知识产权局重新组建后，出现上述龙发公司侵权行为的可能性将会大大减少。对于中国企业来说，国家知识产权局的重新组建将有利于本国企业扩大研发投入，因为在严格监管下，各企业若想利用相关产品就必须支付高额的使用费，而避免这一情况的唯一途径就是企业进行自主研发。结合中国政府鼓励企业进行研发的背景来看，中国很有可能在今后成为国际专利的最大来源国。另外，中国加大执法力度充分发挥其威慑作用有利于维护本国企业的国际地位，虽然中国已经成为国际专利申请的第二大来源国，但就当下情况来看，以特朗普为首的美国代表团仍认为中国有侵权的可能，这一点从其 2008 年 4 月提出的中国“窃取”知识产权的指控中就可以看出。相信中国政府完善相关法律加大执法力度后，中国企业侵权的发生率将大大降低，本国企业的声誉也更符合中国在世界上的地位。

（三）美国 Vringo 公司与中国中兴通讯股份有限公司的纠纷

2018 年 4 月 16 日，美国商务部发布公告宣布未来 7 年内禁止美国公司向中兴通讯股份有限公司出口敏感产品。中兴通讯股份有限公司是中国电信设备市场的代表企业，全球约有 10%的市场份额，在中国有 30%的市场份额，对中国市场的影响力不言而喻。据统计，美国制裁后中兴通讯的存货仅能维持其 1~2 个月的生产，也就是说，美国商务部此次对中兴通讯的制裁是致命的。

但上述贸易纠纷并不是中兴与美国的首次交手，早在 2012 年，中兴通讯股份有限公司就与美国的 Vringo 公司产生了贸易纠纷。2015 年 12 月 18 日，中兴通讯股份有限公司和美国 Vringo 公司和解，中兴通讯同意向 Vringo 公司支付高达 2150 万美元的专利许可费。中兴通讯与 Vringo 公司间的知识产权贸易纠纷具体如下：

2012 年 8 月，美国 Vringo 公司在诺基亚公司的破产拍卖会上以 2200 万美元购买了 500 多项专利并承诺将以公平合理不歧视为原则进行专利权的授予。但就在两个月后，Vringo 公司分别在澳大利亚、马来西亚、德国和荷兰等国起诉中兴通讯侵犯其专利权。双方就此问题于 2013 年末进行谈判，最终中兴通讯签署了由 Vringo 公司提供的保密协议，协议对双方间的贸易争端和解方式进行了规定，同时双方达成禁止在诉讼中使用协议中的保密信息的意见。2014 年 2 月 24 日，中兴通讯以 Vringo 公司未能以公平合理不歧视为原则行使其专利权为由在深圳（国内法院）提起诉讼并以相同的理由于同年 4 月 10 日向欧盟委员会提出反垄断指控。值得注意的是，中兴通讯在向国内法院提起诉讼之时已经将保密协议作为证据上交，但 Vringo 公司对此毫不知情。2014 年 5 月收到欧盟委员会的文件后，Vringo 公司就是否可以将保密协议作为证据一事向中兴通讯发函，但中兴通讯没有做出回复，受保密协议的约束，Vringo 公司并没有上交保密协议。2015 年 1 月，中国发改委的信件到达 Vringo 公司，表明中国发改委已经对 Vringo 公司开始反垄断的调查。2015 年 2 月，中兴通讯向美国特拉华州联邦法院提起诉讼，控诉 Vringo 公司违反了其承诺的“公平合理不歧视”的原则，特拉华州法院将此案件授予纽约州南区联邦地方法院。在法院审理过程中，Vringo 公司要求向中兴通讯法务总监郭小明求证，可中兴方面认为郭先生为公司高管，对案情没有了解，无法提供证据。但由于郭先生提出了“用战争制造和平”的战略，Vringo 公司不得不对其进行证据的调查，经过大量的协商和请求后，纽约州南区联邦地方政府同意向郭先生进行调查取证。对此，中兴方面提出了在美国联邦政府调查中兴通讯是否贩卖其产品到伊朗的背景下郭先生不宜进入美国境内的理由，并表示如果法院强制郭先生参与案件的调查，中兴会拒绝法院要求从而被迫接受制裁。随后，中兴通讯提出法庭动议，在对中兴通讯表现进行评价的基础上，地方法院拒绝了这一动议。由于郭先生始终未出现在取证的过程中，Vringo 公司在 2015 年 9 月提交法律动议要求法院直接判决中兴败诉。在中兴通讯全面被动的情况下，2015 年 12 月 9 日双方达成和解，中兴通讯同意向 Vringo 公司支付高达 2150 万美元的专利许可费。

在案件介绍中我们提到，美国 Vringo 公司购买专利的价格为 2200 万美元，也就是说，此次中兴通讯的败诉赔偿金额几乎让 Vringo 公司收回成本，加之其在各国的专利许可费，美国公司此笔交易可谓稳赚不赔。中兴通讯与 Vringo 公司的此次纠纷会逼迫中国企业将研发和创新作为企业发展的主要动力。国际贸易新要素理论认为，新产品、专利的开发与创造极有可能会为某一企业甚至某一国家带来新的比较优势。就目前来看，大力进行研发的中国代表企业是华为公司，其研发经费占产品销售总额的 15%左右，是苹果公司的 3 倍，这直接说明中国企业已具有较强的创新意识。进行研发和创新不仅有利于企业更好地占据市场，还可使企业避免陷入贸易争端，美国商务部对中兴通讯的制裁从反面说明了这一点。在中国科技水平日益提高的背景下，中国的贸易竞争力不断上升，上升的势头甚至明显高于美国，这就使美国的相关机构不得不对中国高举“贸易保护主义”的大旗，对中国的代表企业实施制裁，中兴通讯便成为了美国的首选。那么为何中兴通讯会成为美国首个打击对象呢？究其原因，笔者认为最主要的是美国可以有针对性地对中兴通讯的销售渠道设置阻碍，即只要美国公司不对其进行芯片的出口，中兴通讯就无法生产，更无法参与世界市场，进而逼迫其向美国低头。当然，我们不否认美国将中兴通讯作为首个制裁对象有中兴通讯是中国重要的投资企业等原因，但中兴通讯缺乏创新的问题一定是其成为首个打击对象的主要原因，正是因为中兴通讯的市场发展离不开美国芯片的支持，或者说中兴通讯另寻芯片供应商需要大量的成本支出，才使其成为美国制约中国贸易的工具。我们换个角度重新思考这个问题，如果中兴通讯在进口美国芯片的同时进行芯片等部件的研发，那么美国商务部的首个制裁对象是否会变化呢？当然，这一结果我们无法确定，但可以说明的是，如果中兴通讯加大了对研发的重视，其至少不会如此被动。另外，在中兴通讯与 Vringo 公司的纠纷中，中兴通讯在签署保密协议后将“秘密”作为证据上交、迟迟不向 Vringo 公司回复和拖延审判时间等行为值得商榷。在将有保密协议的标的作为证据提交后，美国企业通常会向中国企业申请获得“豁免”权，而中国企业不但没有这一观念，还拖延回复对方的申请信件，后果会比想象中严重得多。中兴通讯在证据上交期限后回复美国公司恰巧说明了其对双方间的保密协议的认可，也间接暴露了自己违反协议的行为，加上其无法服众的理由直接导致了法院拒绝其法庭动议的结果。

参考文献

[1] Text of Bush's address on September 11 [Z]. 2001.

[2] 安佳．请给我想要的——国际贸易学史话 [M]．长沙：湖南科技出版社，2009.

[3] 蔡莉妍．论区域贸易协定和 WTO 协定的法律竞合 [J]．沈阳大学学报（社会科学版），2014，16（4）：502-506.

[4] 蔡雨宸．欧美制裁俄罗斯对中俄贸易的影响 [D]．长春：吉林财经大学，2015.

[5] 陈才兴．古巴经济改革与美国的"赫—伯法" [J]．国际展望，1996（23）：7-8.

[6] 陈伟，张宝深．美国反贸易自由化的表现与原因分析 [J]．中国商论，2015（30）：112-114.

[7] 程慧．美国出口管制最新进展与启示 [J]．国际经济合作，2011（8）：23-27.

[8] 崔丕．美国经济遏制战略与高新技术转让限制 [J]．历史研究，2000（1）：134-147，192.

[9] 刁兴玲．打破国际垄断——中兴微电子芯片崭露头角 [J]．通信世界，2014（29）：30-31.

[10] 窦钰．如何应对美国的反倾销 [J]．纺织报告，2005（3）：15-17.

[11] 范青竹．美国出口管制法及对中美经济贸易影响的法律分析 [D]．上海：复旦大学，2010.

[12] 冯小笛．美英在对华经济制裁上的分歧 [D]．北京：外交学院，2010.

[13] 顾安琪．跨境金融信息服务市场准入法律问题研究 [D]．上海：复旦大学，2010.

[14] 郭雳．WTO 争端解决的个案剖析与启示——以美国、印度药品及农用

化学品专利保护纠纷为例 [J]. 法学评论，2002 (4)：83-90.

[15] 何婧 . 出口管制法律制度基本问题探析 [J]. 长安大学学报（社会科学版），2016 (3)：131-135.

[16] 何睿 . 非合作博弈视角下相对地位对中美贸易摩擦的影响 [D]. 天津：天津师范大学，2012.

[17] 胡加祥 . 技术中立原则与中国的服务贸易承诺——兼评美国诉中国出版物及视听制品案 [J]. 河南财经政法大学学报，2011，26 (2)：54-58.

[18] 胡炜 . WTO 规则下人民币银行卡支付产业的垄断及保护问题研究 [D]. 上海：上海社会科学院，2013.

[19] 蒋树宽，伍翰林 . 美日汽车贸易战评析 [J]. 国际经贸探索，1995 (6)：25-29.

[20] 蒋欣 . 美国贸易立法的演变及对中美贸易的影响 [J]. 国际贸易问题，1997 (7)：52-58.

[21] 焦震衡 . 美国为何敌视委内瑞拉 [J]. 拉丁美洲研究，2001 (4)：16-17.

[22] 金泽虎 . 试析赫尔姆斯—伯顿法产生的原因及其影响 [J]. 世界经济与政治，1997 (5)：3.

[23] 康芳民 . 美日汽车贸易战及对我们的启示 [J]. 理论导刊，1997 (2)：44-45.

[24] 李长久 . 美国实力与全球战略 [C]//陈继勇，刘崇仪 . 21 世纪初世界经济格局与中美经贸关系 [M]. 成都：西南财经大学出版社，2005.

[25] 李丹，崔日明 . 日本与美国服务贸易结构优化比较研究[J]. 亚太经济，2011 (2)：69-74.

[26] 李晶 . 冷战后美国对华经济制裁研究 [D]. 哈尔滨：黑龙江大学，2013.

[27] 李婷婷 . 以贸易为例：对朝制裁应打破片面强调“中国责任”的误区 [J]. 世界知识，2016 (6)：30-31.

[28] 李悦 . 杜鲁门政府时期美国对委内瑞拉的政策 [D]. 长春：东北师范大学，2010.

[29] 李峥 . 美国经济制裁的历史沿革及战略目的与手段 [J]. 国际研究参考，2014 (8)：9-15.

[30] 联合国报告称 9 · 11 令美国经济损失 2000 亿美元 [EB/OL]. 中国新

闻网，http：//www. chinanews. com/2001-11-16/26/139178. html，2001-11-16.

[31] 梁桂青，陈永平 . Trips 协议与中国知识产权国际保护——从美国特别 301 条款谈起 [J]. 逻辑学研究，2005，25（3）：412-417.

[32] 梁咏 . WTO 电信服务贸易规则对我国电信服务贸易立法与实践的启示——由“美墨电信服务贸易争端案”引发的思考 [J]. 行政与法，2007（11）：82-86.

[33] 林峰，占芬 . 美国服务贸易摩擦的基本特征、内在成因与发展动态 [J]. 国际经贸探索，2013（9）：4-13.

[34] 林今淑，金美花 . 评估安理会制裁对朝鲜经济的影响 [J]. 现代国际关系，2016（5）：17-22.

[35] 刘菲 . 西方经济制裁对俄罗斯与欧盟的贸易影响研究 [D]. 沈阳：辽宁大学，2016.

[36] 刘峰 . 美国对华贸易制裁的效力分析 [J]. 世界经济与政治论坛，2007（6）：1-5.

[37] 刘国柱 . 贸易战与美国对华战略走势 [J]. 当代世界，2018（11）：14-17.

[38] 刘金质 . 冷战史 [M]. 北京：世界知识出版社，2003.

[39] 刘威，王腾 . 国际经济制裁：愈演愈烈 [J]. 中国外汇，2016（z1）：90-93.

[40] 刘月 . 日本、美国服务贸易政策的比较分析及对中国服务贸易的启示 [J]. 经济研究导刊，2010（10）：148-149.

[41] 刘振环 . 美国贸易政策研究 [M]. 上海：法律出版社，2010.

[42] 柳剑平，刘威 . 经济制裁与贸易报复——对经济制裁内涵的再界定 [J]. 思想理论教育导刊，2005（5）：36-41.

[43] 罗汉伟 . 开 WTO 环保案先河——美国“借龟拒虾”上演贸易战 [J]. 中国经济周刊，2010（29）：36-37.

[44] 罗庆行 . 美国 1807~1809 年禁运政策研究 [D]. 西安：陕西师范大学，2016.

[45] 罗玉中，彭志刚 . 美国、日本和欧盟法律对知识产权国际许可反垄断管制的比较研究 [J]. 江西财经大学学报，2004（4）：67-72.

[46] 马格多夫 . 帝国主义时代：美国对外政策的经济学 [M]. 香港：香港朝阳出版社，1976.

［47］马通．美国诉加拿大期刊进口措施案——关于 WTO 国民待遇原则的典型案例［J］. WTO 经济导刊，2004（4）：84-86.

［48］马婴．冷战后美国与印度关系的发展［J］. 国际观察，2003（2）：39-45.

［49］美国众议院特别委员会．考克斯报告：关于美国国家安全以及对华军事及商业关系报告［M］. 王振西，孙晶译．北京：新华出版社，1999.

［50］美国驻华领事馆．经济政策背景资料（Economic Backgrounder，EB），EB-1607［Z］. 1989-05-23.

［51］宁进．美国服务贸易的发展及政策分析［C］//李小牧，钱建初．国际服务贸易评论［M］. 北京：中国商务出版社，2007.

［52］彭爽，曾国安．美国出口管制政策的演变与启示［J］. 全球视野理论月刊，2014（1）：185-188.

［53］彭爽，张晓东．论美国的出口管制体制［J］. 经济资料译丛，2015（2）：24-41.

［54］任泽平，罗志恒，华炎雪，贺晨．中美贸易战再度升级：本质、应对和未来推演［EB/OL］. https：//m. sohu. com/a/257749276_467568/？Pvid=000115_3w_a&spm=smpc. ch15. fd. 6. 1538709687407 V5BkopX，2018-10-05.

［55］阮建平．二战后美国对外经济制裁［D］. 武汉：武汉大学，2004.

［56］沈国兵．美国出口管制与中美贸易平衡问题［J］. 世界经济与政治，2006（3）：6，71-77.

［57］师求恩．从“201 钢铁案”看美国贸易政策中的单边主义［J］. 经济经纬，2003（6）：50-52.

［58］屠新泉，朱林竹．WTO 为网络赌博撑腰？——安提瓜和巴布达诉美国影响跨境赌博服务的措施案评析［J］. 上海对外经贸大学学报，2007（4）：21-26.

［59］汪文件，王鹏．简析美国贸易法的“301 条款”［J］. 劳动保障世界（理论版），2010（11）：164-167.

［60］王达，白大范．美国的出口管制政策及其对美中贸易的影响［J］. 东北亚论坛，2012（5）：65-71.

［61］王芳．美国、日本知识产权战略与中国知识产权现状对比研究［J］. 吉林工程技术师范学院学报，2008，24（4）：1-4.

［62］王峰．浅析美国诉加拿大期刊措施案［J］. 法制与社会，2008

（26）：129.

［63］王国兴．美国对华出口控制的趋势、因果与中国的对策［A］//陈继勇．美国新经济周期与中美经贸关系［M］．武汉：武汉大学出版社，2004.

［64］王领．中美贸易摩擦的理论研究与实证分析［D］．上海：复旦大学，2006.

［65］王淑敏．国际投资中的次级制裁问题研究——以乌克兰危机引发的对俄制裁为切入点［J］．法商研究，2015（1）：165-172.

［66］温荣刚．尼克松政府时期美国对苏东国家出口管制政策的调整——以《1969 年出口管理法》为中心的考察［J］．世界史研究，2014（2）：56-63.

［67］吴杰．天价罚单的启示［J］．国企，2013（5）：108-111.

［68］徐妮娜．WTO 争端解决机制下药品专利保护案对我国的启示［J］．国际经贸探索，2002，18（6）：26-29.

［69］徐小博．我国反补贴调查动因分析——基于中美两国的比较［D］．大连：东北财经大学，2010.

［70］徐勇．WTO 体制下税收待遇法律问题研究［D］．武汉：武汉大学，2005.

［71］薛荣久．国际贸易（第六版）［M］．北京：对外经济贸易大学出版社，2016.

［72］亚历山大·汉密尔顿，崔学峰．关于制造业的报告［M］．北京：高等教育出版社，1957.

［73］杨福丽．美国反倾销法的历史考察［D］．重庆：西南政法大学，2014.

［74］尹继元，李淑玲．WTO 规则下的不公平贸易战——WTO 成立 20 周年之全球反倾销案件分析及中国的策略选择［J］．国际经贸探索，2015，31（11）：56-72.

［75］尹齐喜．西方对缅甸的制裁及其影响［D］．广州：暨南大学，2010.

［76］尹翔硕．贸易战略的国际比较［M］．上海：复旦大学出版社，2006.

［77］袁嫣，刘运顶．美国出口管制政策、对华出口管制及其发展趋势研判［J］．广东金融学院学报，2006（4）：93-99.

［78］张汉林，蔡春林．试论美国对华出口管制政策及前景［J］．美国研

究，1991（2）：3-4，21-36.

［79］张立辉，夏申．论贸易制裁与反制裁［J］．世界经济，1996（8）：8-12.

［80］张蔚蔚．WTO 公布美国影响跨境提供赌博服务措施案的仲裁报告［J］．上海对外经贸大学学报，2008（2）：42.

［81］张颖．近两年中国、美国、日本发明授权专利的比较分析［J］．经营管理者，2016（19）：195-196.

［82］赵红磊，王文君．从汉密尔顿的三个报告看其经济思想［J］．法治与经济，2011（8）：104-105.

［83］赵京波．美国对华技术出口限制政策［J］．飞航导弹，2003（10）：61-62.

［84］中美联合公报［N］．新华月报，1972-03.

［85］周涵婷．试论事实上的出口补贴——以美国诉欧盟大飞机产业贸易冲突案为例［C］//孙碗钟，左海聪．WTO 法与中国论丛［M］．北京：知识产权出版社，2012.

［86］周璐瑶．卡斯特罗政府时期古美关系研究（1959~2008）［D］．长春：吉林大学，2013.

［87］周文祥，邓柏冰．我国出口贸易遭遇美国反倾销的状况分析［J］．北方经贸，2013（11）：21，23.

［88］朱雄兵．美国对缅制裁政策及其调整（1988~2010）［D］．北京：中国社会科学院，2010.

［89］邹彦．从 GATT 与 WTO 的若干案例看国内法规的制定与实施［J］．唯实，2002（10）：40-45.

［90］9·11 恐怖袭击事件：美国人永远的伤痛［EB/OL］．新浪军事，http：//mil. news. sina. com. cn/2006-09-08/1633396552. html，2006-09-08.

后　记

在《国际贸易政策与贸易纠纷》出版之际，首先要感谢经济管理出版社为本书出版付出心血的工作人员，给你们添了不少麻烦，正是你们的辛勤劳作，此书才得以顺利出版。其次要感谢北京第二外国语大学经济学院国际贸易系的张鸣源、孙丽萍、金笑晨三位硕士研究生，积极地参与该项目，分担各自的研究内容，他们加班加点，笔墨纸砚间精耕细作，多次去国家图书馆、图书大厦查阅资料，为该书的顺利出版付出了大量心血。最后要感谢笔者学校众多老师的鞭策和鼓励，是这些同仁给了笔者不断努力的动力。陈楚君、徐晗、董博怀、佐娅、耿思琦、黄含楚、江南、张琳璇、聂安琪等积极参与该书的前期准备工作，辅助查阅大量文献资料，任劳任怨，在此深表谢意。

《国际贸易政策与贸易纠纷》的写作，参考了大量中外文献、网站资料，是这些先辈们的研究成果，给笔者提供了研究思路，没有这些宝贵的文献，此书不可能完成，在此一并致以深深的谢意！

最后，想要说明的是，由于有些资料难以找全，尤其是一些英文资料，梳理起来有一定难度，加之笔者研究水平有限，所以此书问题难免，希望广大读者提出宝贵意见，笔者也愿意在今后的时光里，继续深入研究这方面的问题。